我是妈妈 更是自己

活出丰盛人生的 **10** 堂课

邹锦华 著

本书通过写给妈妈的 10 堂自我管理课，不仅分享了"回归生活、持续成长"的人生态度，也为她们提供了一个完整的成长路径——懂自己、爱自己、发展自己、成为自己。书中还提供了"幸福日志""时间统计法""布置餐桌""引入减压阀""记红账"等便于操作的小练习、小工具，帮助妈妈们学习接纳滋养生命的外在环境，持续践行幸福生活的行动工具，重启丰盛自我的内在能量！

图书在版编目（CIP）数据

我是妈妈，更是自己：活出丰盛人生的 10 堂课 / 邹锦华著.
—北京：机械工业出版社，2019.9（2024.6 重印）
ISBN 978-7-111-63273-3

Ⅰ.①我… Ⅱ.①邹… Ⅲ.①女性-自我管理-通俗读物
Ⅳ.①C912.1-49

中国版本图书馆 CIP 数据核字（2019）第 150288 号

机械工业出版社（北京市百万庄大街22号 邮政编码100037）
策划编辑：刘文蕾　　责任编辑：刘文蕾　徐林琳
责任校对：孙丽萍　　责任印制：孙　炜
北京瑞禾彩色印刷有限公司印刷
2024 年 6 月第 1 版第 5 次印刷
165mm×235mm・17 印张・194 千字
标准书号：ISBN 978-7-111-63273-3
定价：59.80 元

电话服务　　　　　　　　网络服务
客服电话：010-88361066　　机　工　官　网：www.cmpbook.com
　　　　　010-88379833　　机　工　官　博：weibo.com/cmp1952
　　　　　010-68326294　　金　书　网：www.golden-book.com
封底无防伪标均为盗版　　机工教育服务网：www.cmpedu.com

推荐语

在家庭系统中，母亲是一个重要而又辛苦的角色。她们需要来自各方面的支持，也需要自我的支持和自身的发展。我的学生锦华在进入心理教育及心理咨询领域后，就一直从事这方面的工作。本书从家庭系统的角度，从"懂自己、爱自己、发展自己、成为自己"的视角，为妈妈们提供了自我管理和自我更新的方法和思考。我相信读了这本书的妈妈们，一定会有所收获。希望年轻的妈妈们都来读一读这本书。

——中国心理学会注册督导师　肖旭

这是一本支持母亲自我管理和心理建设的书，是锦华在完成了中德高级家庭治疗师和督导师的系列培训之后，将其所学与自己的生活相融合，并应用于500多位妈妈的实践所得，是一本饱含心血与启发性的作品。

对于妈妈而言，如果内心缺乏一个可以被唤醒、被关爱的声音，她们自身的情感资源就可能会被耗竭，养育和保护的冲动就活跃不起来。因此，在一方面经济高速发展，而另一方面在如何做母亲的教育上投资微乎其微的当下，力荐这本辅助妈妈自我支持、自我发展的书。

——心理学专家、心理医师　孟馥

这是一个故事，讲述女性如何从自己成为母亲；这是一种成长，养育孩子的本质是养育自己。家庭角色是关系的产物，因而女性成长为母亲绝不仅仅是女人一个人的事。本书作者从一个家庭治疗师的专业视角出发，结合家庭治疗的理论和方法，站在母亲的身份，以女性的立场，对成为母亲的过程中所经历的自我认知、自我认同、自我发展、亲子沟通和亲密关系等多个方面进行了梳理并提供了温暖的支持。

作者用一种专业又朴素的呈现方式，将丰富的案例和实用的工具穿插在专业理论之中，能够引发大家的共鸣，并用家庭治疗中的系统视角帮助大家进行理清和反思。如果你在成长中对自己尚存困惑，或者你希望家庭更幸福，我相信这本书能够给到你有益的参考和帮助。

——《为什么家庭会生病》作者、同济大学附属精神卫生中心
主任医师　陈发展

　　认识锦华之后，我充分理解了一句话："对生活的深情就是通往真理的道路。"我认为这句话就是对她的人生态度的最好注解。

　　锦华既是慈母贤妻，又是她自己，那个望着后院屋角的繁花像个天真烂漫的小姑娘一般的自己，那个对事业始终孜孜以求、从不懈怠的自己。她的丈夫和儿子都很优秀，但这个心理学家妈妈其实更棒——她活出了女人最好的状态！

　　这本书系统地阐释了女性在成长的路上，从"女孩"到"女人"再到"母亲"可能会遭遇的所有心理卡点，但同时又给出了极其精准且落地的解决方案，它完美地解决了妈妈们在自我成长路上的一大难题——如何更好地成为自己！

　　这是每一位妈妈的必读书目，我倾心推荐！

——两届"金话筒奖"获得者、心理学作家、
家庭治疗学派心理专家　青音

　　不夸张地说，妈妈通过影响孩子而影响着这个世界。让妈妈更快乐，焕发出生命的光彩，是每一个孩子和家庭的幸福所在。锦华是果果的妈妈，曾在一家世界500强公司工作，后来又深入研究了心理学，并常年进行咨询辅导和举办工作坊。她把自己的成长经验汇总成书，尤为难得的是，书中所有的方法和心得，都非常扎实落地，都能在平凡的家庭中帮助妈妈找到自我，点亮她们心中的那束光。希望这本书能分享给更多的妈妈，让每一位妈妈活出自我，活出丰盛的人生。

——凯叔讲故事联合创始人、总裁　朱一帆

每个女人都想竭尽全力当个好妈妈，却很容易忽略自己作为女人的感受。这本书从家庭系统的角度提供给普通妈妈们新的思路，支持大家跳出"母亲"这个角色去看待自己、接纳自己、发展自己。希望每个妈妈都能透过这本书找到更完整的自己。

——年糕妈妈创始人　李丹阳

成为妈妈后，我们很多时候会不知不觉地陷入别人对我们的期待中，经常忘记自己是谁。作者洞见了更深的层次，并且在现实生活中帮助和支持大家穿越焦虑与恐惧、无奈与无助，找回平静和智慧。她能做到，在过去十几年中，她也正是这样做的。这本书让我们不仅学习到经验和方法，还能感受到先行者的勇气；不仅体验到疗愈者的慈爱，还可以观察到学者的严谨。

——简耕教育创始人　刘芳

关注孩子成长的图书很多，而关注妈妈成长的图书却很少，这是其中特别值得推荐的一本，因为从中我看到了很难得的视角：即便作为妈妈，女性也有资格而且必须先照顾好自己。妈妈不是养育孩子的"机器"，要学会适时调整，适时示弱，用行动影响孩子，把自己放进孩子的心里。

——家庭教育专家、畅销书作者、上海犹太研究中心特约研究员　沙拉

很多女性成为妈妈后，身体上的过度消耗让她们在心理和精神上经受了很大的剥夺感。作者身兼妈妈和家庭治疗师的双重角色，一方面能够温柔地共情妈妈们的疲惫和焦虑，一方面又可以冷静而理性地提供很多辅助方法，让妈妈们通过"收摄身心"，去做去实践去成为，重新找到一条回家的路，一条幸福的路。

——《父母必读》主编，北京市家庭教育研究会秘书长　恽梅

锦华老师在妈妈公社颇受妈妈们的喜爱，她在公社开设的"母亲自我管理成长小组"开启了妈妈们的自我成长之路，并非常有效地支持和帮助

到她们及她们的家庭。我喜欢她把知识用在生命里,把光和爱注入生活中,活得热气腾腾,在她身边,总能感受到温暖和力量。

本书是集妈妈和家庭治疗师双重角色的锦华老师在这些年自我成长、专业学习、践行分享、授课咨询的全面整合,是一部妈妈的成长指南。在这本书里,锦华老师系统地帮助大家从各个维度看到并去做到"妈妈"这个角色,有方法,有技巧,更有实践。愿每位妈妈都能通过阅读本书做到知行合一,成为自己,活出幸福!

——妈妈公社创始人　易云

斯坦福大学的人生设计课号召大家通过记录"美好时光日志"重新设计人生,而锦华在此书中分享的"幸福日志"有异曲同工之妙,它同样能帮助你强化快乐的体验,捕捉平凡生活中的心流,悦纳自己!

这是一位妈妈分享的如何活出丰盛人生的指南,她不仅拥有这份智慧,更做到了这一切!相信每一位阅读这本书的妈妈都能用全新的视角看待自己的角色,学习到非常多可以用起来的方法,活出自己的丰盛人生!

——靛蓝纪家庭成长学院创始人、家庭教育专家　王树

锦华是我见过的少有的"如实如是地活,情真意切地爱,知行合一地做,不折不扣地分享,充满智慧和灵性"的女子。经过20多年的学习、践行、感悟、分享、反思和总结,能将"为己之道、为母之道、为师之道"融会贯通,完美结合。

在我看来,这本书是一把值得珍藏的开启幸福之门的钥匙,可以助你从"看见"中得以解脱,从"行动"中得以成为,成为一个好妈妈,更成为最好的自己,丰盛人生之旅就在"当下"了!

——心目教育创始人、小马童军俱乐部 CEO　子欧(陶丽)

自 序

今天是一个特别的日子,因为你翻开了这本书,我便有了机会和你相遇,这对我来说是期盼的、喜悦的,谢谢你!

你的阅读也提示着这样一件事:你现在正留出特别的时间去关注"如何活出丰盛的自己"这个话题,你愿意寻求支持并尝试改变。这份特殊的阅读时光更提醒着你,你正在分配时间和精力来关爱和滋养自己!

我知道作为妈妈,在忙碌的生活里挪出一段安静的时间来阅读和思考,是一件不那么容易的事情。我要谢谢你愿意开启这个话题,好奇于我将分享的内容,这对作为分享者的我来说,是莫大的鼓励。

我在 2010 年怀孕,从此成为一个孩子的妈妈。之后我持续专注在系统家庭治疗领域中进行家庭治疗的长程训练,并以此开启我人生的下半场。

从 18 岁开始我成为有意识学习心理学的爱好者,在过去 23 年的时间里,我一直在学习的一件事就是如何通过自我成长,逐渐活出丰盛的自己。在这个历程中,我学习如何自助,同时也学习如何帮助他人自助,这让我的生命变得更加开阔,也更加有意义。

从怀孕到现在这 9 年,我举办了很多个体发展咨询、团体辅导或者相关主题的工作坊。最近这 6 年,我也开设了一些线上的与个人成长或者家庭幸福相关的课程,内容大部分都聚焦在女性的自我成长或者家庭幸福感这个领域。我希望在人生未来的时光里,可以致力于支持女性自我成长、支持家庭和谐幸福的事业,做一名积极生活和积极养育的传播者,成为一名分享者和摆渡人。

这几年,我在这个方向上,做了大量的分享。后来为了更系统地支持学员朋友们，我设计了一门课程来帮助自己更好地支持她们发生幸福的改变。

这门课程就是本书的原形。课程每周一次，每期持续三个月。在这几年授课和团体辅导的过程中，我遇到了非常多的女性，她们真诚地与我分享自己的生命故事，我在这些故事中感受到了巨大而蓬勃的生命力量，也被她们激励和鼓舞着去更勇敢地发展自己，和真实的自己不断相遇。

这是一种全新的生命体验，它让我感受到更深层意义上的幸福。

回看这几年，我深刻地感受到，这份更深层意义上的幸福来自于我成为妈妈之后，真实地进入生活，感受母亲这个身份带给我的精微体验故而改变人生历程的经验。这些经验里饱含着脆弱、疼痛、生机和希望，正如我所接触的众多女性朋友跟我分享的那样，因为孩子，我们以生命影响生命。成为妈妈不仅仅是生物学意义的瞬间，而是一辈子的事。成为一个妈妈，不是终点，而是我们和孩子不断交互、彼此成长的起点。

大多数时候，我是一个热爱生活，接纳、享受、热诚而全情地投入在我所选择的事情里的人，请注意，我说的是"大多数时候"。还有很多时候，我经历了非常多的挑战，也有很多黑暗以至于跌入谷底的时刻。我常常对我的学员说："有光之处，便有阴影。光影随行，向死而生。"

所以，我希望当你在阅读这本书的时候，知道我也有很多局限，并不完美，不要将一个完美的形象投射在我身上，而是保持思辨，有距离地来阅读这本书，从而拥有更开阔的空间来思考你的经历和体验，并能将所思所得迁移到你的生活里。

在这本书中，我会从一个妈妈的视角来分享我所经历和体验过的事情，也会从一个家庭治疗师和团体带领者的视角来分享这样做的原因。我还会鼓励你结合自己的情境来使用书中提供的案例和核心练习，去构建属于你的、有你自己特色的幸福生活。

本书一共分为十章，主题是如何活出丰盛的人生，我将从身体、心理、精神三个方面来写出我的想法和建议。

身体方面，主题是接纳自己，主要在第一章和第二章中进行介绍。

心理方面，主题是懂自己、爱自己、发展自己，主要在第三章到第八章中进行分享。

精神方面，主题是成为自己，主要在第九章和第十章中进行说明。

贯穿十章内容的基础为自我观察和自我反馈。这是因为，每个人要活出独一无二的自己，除了借助外部资源，更重要的是需要调动内在资源，去做自己的老师。通过自我观察和自我反馈，可以更容易地和自己进行联结，获得更加清明的自我认知。而清明的自我认知（Self-awareness）是自我管理的起点。

为了支持这个基础，我设计了两个最核心的练习：**幸福日志和时间统计法**。这两个练习是我用了至少17年的生活体验和几乎在每日的践行里总结出来的经验，目前看来也会是我一直坚持下去的自我成长核心练习。同时，在过去的几年里，大量学员经过亲身验证，反馈这两个练习对他们的自我成长是非常有帮助的。

书中每一章还提供了一些小练习，用以帮助大家通过实践来体会我所分享的内容，去做起来，去用起来。因为，去做才可能有收获。

我们都在岁月和关系中逐渐成长，时而软弱，时而强大。当我们成为妈妈之后，孩子与家庭会让我们的成长加速。不论哪一种成长途径，我都希望它是你所盼望的，喜欢的。我期待着你快乐地生活，喜悦地练习，提高自己获得幸福的能力，按照内心价值取向去选择，收获丰盛的人生。

我相信，这终将会荣耀我们的生命。

目　录

推荐语

自　序

第一章　接受新身份，做滋养自己的好朋友　001

第一节　在家庭系统中看待"妈妈"这个角色 / 002

我们都活在彼此交互的关系里 / 002

对每个角色的理解和期待决定关系互动的质量 / 004

自我、他人与情境对关系的挑战和影响 / 006

第二节　拥抱并接纳生命中新的变化 / 028

在自我层面，悦己乐活 / 028

在他人层面，"爱你如你所是" / 041

在情境层面，"我做主，我选择，我负责" / 059

第二章　打开感官，进入生活　065

第一节　打开感官，感知生活 / 066

打开感官，从观察生活环境开始 / 068

通过好好做手中的事增加感官的敏感度 / 070

爱是一个动词，帮助我们进入生活 / 075

第二节　通过自我觉察和收摄身心来陪伴自己 / 075

自我觉察 / 076

收摄身心 / 076

回到生活本身 / 080

XI

第三章
持续好奇，
持续成长

087

第一节　与未知的自己不断相遇 / 088
　　　按照价值取向去生活 / 089
　　　我值得先照顾好自己 / 093
　　　找寻不同 / 095
　　　增加弹性 / 099
　　　增加敏感度 / 102
　　　从积累到创造 / 105

第二节　一个母亲的精神成长 / 108
　　　精神哺育 / 108
　　　养育使命 / 112
　　　精神独立 / 114

第四章
时间管理

117

第一节　时间是生命和关系的容器 / 119
　　　时间效能 / 119
　　　角色期待 / 119

第二节　我与时间的关系 / 120
　　　我要成为什么样的人 / 121
　　　我要留在什么样的关系里 / 122

第三节　使用时间统计法逐渐成为理想中的那个人 / 124
　　　感知时间，建立与时间的关系 / 125
　　　关注有效的工作时间，进行分类和统计 / 130
　　　知行合一，保持专注 / 132

第四节　简化人生 / 138
　　　用优化的视角来看时间记录 / 138
　　　从"我不要"到"我要做"，再到"我想要"/ 142
　　　家庭蓝图与时间分配 / 147

第五章 体能管理 151

第一节 回归并寻找身体的节奏 / 153
和身体做朋友 / 153
生命的基本节奏 / 154
管理体能的进出口：不耗就是修复 / 156

第二节 调整生活方式 / 157
构建规律的节奏 / 158
引入减压阀 / 159
改善睡眠质量 / 161

第三节 训练身体 / 163
好好做家务 / 163
专注地吃饭 / 164
锻炼体和魄 / 164

第六章 情感管理 167

第一节 允许并接纳情绪的发生 / 171
看见带来允许，表达带来联结和疗愈 / 171
停下来观察自己的情绪，真实地表达自己 / 175

第二节 看见不同，理解不同，接纳不同 / 176
和而不同 / 176
思考者与情感者的分享带来的启发 / 177

第三节 情绪是需要流动的能量 / 181
与情绪和平相处 / 181
让情绪流动的几个小方法 / 188

第四节 情绪对应着正面的爱的动机和需要 / 189
看见情绪的现状和正向的动机 / 189
我值得拥有所有美好 / 191

第七章 思维管理 195

第一节　在放松中思考 / 197
　　通过减压阀放松大脑 / 197
　　感受自己的思维模式 / 197

第二节　保持专注与乐观 / 198
　　首先进行身体、情感的准备和管理 / 198
　　在整体和局部之间，用游走的方式保持专注 / 199
　　积极的自我暗示：转化受害者的角色 / 199
　　高效的时间管理：回顾生命关系罗盘 / 200

第三节　重塑大脑 / 200
　　改善大脑的几点建议 / 200
　　实践练习：每天布置不一样的餐桌 / 201

第八章 关系管理 205

第一节　经营家庭经营爱 / 206
　　从我到我们，是进入深度亲密关系的开始 / 206
　　关系发展中的三个雷区 / 213
　　如何在关系中成长 / 216
　　爱的五种语言 / 225

第二节　倾听和沟通的技巧 / 228
　　不为对错，只为关系 / 229
　　厘清关系的边界，把权利还给对方 / 232
　　打破二元对立，发现第三种解决方案 / 235
　　选择有效的沟通方式 / 236

第九章
意义管理
243

第一节　意义管理的路径 / 244
　　意义与逻辑层次 / 244
　　意义的动力与特点 / 245
　　探寻深层价值取向 / 246

第二节　遵循价值取向去生活 / 247
　　支持价值取向的动力 / 247
　　判断价值取向的标准 / 248

第三节　重视他人，超越自我 / 249
　　联结，联结，还是联结 / 249
　　接纳与允许他人的自主性 / 249

第十章
自我更新
251

第一节　进入真实的生活 / 252
　　将无意识的重复变为有意识的主动选择 / 252
　　去做去实践去成为 / 254
　　进入人生的系统 / 254

第二节　自我更新 / 255
　　持续找寻不同 / 255
　　以逻辑层次为基础的自我更新 / 255
　　为新经验打一个结 / 258

第一章
接受新身份，做滋养自己的好朋友

Chapter One

第一节
在家庭系统中看待"妈妈"这个角色

做母亲这件事可以准备吗?我想这是可以准备但又得保持开放、好奇的一件事。

可以准备的部分就是去了解在做母亲的过程中,我们自己和家庭将会有什么规律性的变化,当我们在变化来临的时候,可以有所准备,不会觉得手足无措。另外一个层面就是多了解在成为母亲的过程中,常见的挑战会有哪些,从哪几个方面着手,可以将这些复杂变化的信息进行归类,并各个突破。

当我们有机会这样去做的时候,会保持内在的稳定和外在的开放,从而成为"足够好的母亲"。这将会帮助到我们自己以及孩子和家庭。

我们都活在彼此交互的关系里

中国古人说,我们活在"与天地,与万物,与众生"的关系里。

在《哈佛商业评论》发布的一篇研究报告中,心理学家们更是通过实证研究,得出了这样的结论:"人活在关系当中,人的烦恼有87%是来自于人际互动技能的缺乏,而非我们通常所认为的素养。"

如果要围绕母亲这个新身份进行梳理的话,我建议大家从关系入手。我们和这个世界的关系好了,问题就迎刃而解了。至少,在面对扑面而来、错综复杂的信息时,我们可以先从关系着手解决和穿越。

著名的家庭治疗大师萨提亚女士提到,关系沟通中有非常重要的三个要素:自我、他人、情境(见图1-1)。

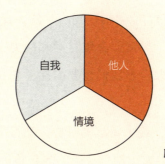

图1-1 萨提亚沟通三要素

自我:指的是"我"是否接触到自己的感受与需求,并愿意为自己表达与行动。也就是"我自己"是否内在和谐,可以做自己的主人。

他人:指的是"我"是否关心与接纳对方的感受与需求,并愿意积极倾听与探询。也就是"我"与"另一个人"是否关系和睦。

情境:指的是"我"是否注意到双方所处的环境与客观条件,并愿意以对等协商的态度处理彼此所面临的问题。这通常指"我"和"另一个人"所处的人际系统(家庭或组织)与客观环境的和谐与协作。

结合这个模型，我们可以看到我们确实生活在交互的关系当中，与自己、与他人、与情境，简单概括就是自我关系，自他关系。

在做母亲的过程中，我们和自己相处得好不好，和自我之外的世界（他人与情境）相处得好不好，直接决定了我们的烦恼程度。按照上面的数据，自我和自他关系相处得越好，烦恼越低。所以，下面我们来看看关系的质量与什么有关？

对每个角色的理解和期待决定关系互动的质量

当我们的需要和我们的能力相匹配的时候，我们不会觉得是挑战，心里不会有太大的压力，只需要分配时间和精力去完成即可。从这个角度来理解，挑战常常来自于我们想要的部分和我们能做到的部分之间的差异。

当我们产生"想要"这个需求的时候，期待就发生了。期待只会在关系中产生，它对应着发出期待一方的内在角色和身份。在关系中，我们的角色期待与自己和对方能做到部分的匹配程度决定了挑战的难度，匹配度越高，挑战越小。举个例子：成为妈妈后，你开始希望自己是个足够好的妈妈（这是新角色带来的新期待），这触发的是你和自己的关系。如果你足够自信和接纳自我，内在和谐，那么这个关系就会比较顺畅，你就会比较容易根据自己的状态提供力所能及的照料。例如，早睡早起，给孩子喂奶，调整自己的时间，分配精力。你就不会在家的时候想着工作，工作的时候因为没有陪伴孩子而感到内疚。因为你知道，这是你的选择，你要为此负责。

从另外一个方面来看，你依然希望自己是个足够好的妈妈。但是，你对自己疲惫的身心状态保持忽略，通过压榨自己的睡眠挪出精力去工作或者照料孩子，工作生活孩子家庭几手抓，独独忽略了最需要照顾的自己。这就是和自己的关系不够好，长此以往，你会感到力不从心，或者对家庭开始抱怨，怎么辛苦的都是我一个？

这意味着，成为妈妈，你也会对伴侣或者其他家人有新的期待，因为你们的角色都改变了，新的期待就会相应地产生。对婆婆，以前你的期待可能只是过年过节走动一下，客气又克制。做了妈妈之后，你对婆婆的期待可能是希望她尊重你的意见和建议，来支持你育儿。

如果对方做不到你心中的样子，满足不了你的期待，挑战就会在关系中发生。对关系中的另一方来说，也是如此。

接着上面的例子讲，你和自己的关系很好，是足够好的妈妈，但你不相信丈夫和婆婆也能照顾好孩子，这就会为你带来你和他人关系中的新挑战。

假如你和自己、和他人的关系都足够好，但生活在一个空气污染严重或者生活压力巨大的城市，你也会有很多担心。这就是你和情境的挑战关系。

当自我、他人、情境都和谐统一，或者找到一个让彼此都满意的均衡点时，挑战就比较容易被处理。也就是说，自我、他人、情境这个模型可以帮助我们看局部，也可以看整体。

人生是由各种关系组成的。从日常生活来说，比如父母和子女的关系，夫妻关系，兄弟姐妹之间的关系，同学和同事的关系……从更大的系统来说，比如家庭和学校的关系，家庭和时代之间的关系，家庭和空气污染的关系等。

一生中，与我们有亲密关系的人也就30~50个，目前我们生活的

第一章
接受新身份，
做滋养自己的好朋友

环境和时代是相对稳定的，很多人的生活在 2~3 个城市间转换，在同一个时代中浮沉。

一个人如果和自己的关系顺畅，和他人的关系顺畅，和环境（情境）的关系顺畅，这三个部分都和谐一致的话，这个人不幸福都难。

处理挑战其实就是处理关系，下面我们再来看看在成为妈妈这个阶段，如果从自我、他人、情境这三个方向入手，有哪些普遍的现象是需要我们关注和自我反馈的。

自我、他人与情境对关系的挑战和影响

自我

- **成为母亲过程中普适性的生命历程**

一个新生命的降临，让我们有幸成为母亲。从此，孩子引领着我们进入一个全新的生命历程。在这个历程中，每一天都可能会有全然不同的生命体验在发生。在伴随着孩子不断成长的过程当中，前所未有的挑战也悄然而至。

人们常常说，变化是唯一不变的真理。世事无常，每一个明天都等待着我们去经历，成为母亲好像理所当然，难以准备，生命自然而然就把我们带进了这样一个充满了无限可能的新角色里。

面对未来的孩子和生活，做母亲更像是一个女人的本能，难以准备也不必准备，只需唤醒与跟随。做母亲，既然是大部分女人都会经历的过程，那么它一定是有规律可循的，是可以观察和总结的。

下面，我将从老祖宗、心理学家、系统家庭治疗领域看待生命历

程的视角来简单地分享，当我们成为妈妈的时候，会经历什么样普适性的生命现象与任务，希望这可以帮助我们看到，成为妈妈将经历的自然过程和规律。

圣贤孔子在《论语·为政》中说："吾十有五而志于学，三十而立，四十而不惑，五十而知天命，六十而耳顺，七十而从心所欲，不逾矩。"这段话不仅说明了一个人生命大致的时间线，也谈到了每个阶段大概的任务。这是古人对一个人生命发展阶段的智慧总结，是我们中国人的基因之一。

著名的心理学家埃里克森将人一生的发展分为了八个阶段。他认为人要经历八个阶段的心理社会演变。这些阶段包括了四个童年阶段：婴儿期（0~1.5岁）、儿童期（1.5~3岁）、学龄初期（3~6岁）、学龄期（6~12岁）；一个青春期阶段（12~18岁）和三个成年阶段：成年早期（18~25岁）、成年期（25~65岁）、成熟期（65岁以上）。

埃里克森认为人的第七阶段——成年期（25~65岁）的核心冲突是"生育对自我专注的冲突"。在这一时期，人们不仅要生育孩子，同时还要承担社会工作，这是一个人对下一代的关心和创造力最旺盛的时期，人们将获得关心他人和创造力的品质。成为母亲的人生阶段通常就在埃里克森所说的第七阶段。

个体存在于关系之中，最核心的关系就是家庭关系。这就需要我们把以上个体的生命发展历程放到一个更大的家庭背景中来观察，看看整个家庭会经历什么样的历程与规律性的任务。

在系统家庭治疗领域，心理学家将家庭看作是一个有生命的对象，也会经历不同的发展阶段，这被称为家庭生命周期，心理学家将家庭生命周期分为如下7个阶段：

1. 离家成年；
2. 通过婚姻加入新的家庭；
3. 拥有儿童的家庭；
4. 拥有青少年的家庭；
5. 中年时期孩子的离开和前行；
6. 中老年的家庭；
7. 进入暮年的家庭。

在大量的研究和临床治疗与咨询中，心理学家们发现，在家庭的每一个生命周期当中，为了帮助家庭进行和谐顺利的转换，家庭需要有比较关键的情绪过程转变原则，也需要依据这个原则进行一些核心的调整和改变。如果在转换周期的过程中，家庭没有做到相应的调整和改变，通常就会遇到巨大的挑战，家庭就会"生病"，表现为适应不良。

"成为母亲"对应的家庭生命周期在第3个阶段，"接纳新的成员进入家庭系统"是情绪过程的关键转变原则。有新生命加入，需要进行的家庭状态调整至少应包含4个层面：

1. 对夫妻系统的调整以给儿童足够的成长空间；
2. 抚养儿童，财务和家务的合作；
3. 包含父母和祖父母的延伸家庭的关系重组；
4. 新的家庭结构与关系的重组，以及家庭外更大社会系统的重组。

以上是成为母亲的过程中，一个女人会面临的个体生命历程的进化与家庭生命周期的进展，挑战通常就会在转换的过程中不断发生。

- **自我常见的挑战**

一个不欣赏自己的人，是难以快乐的。

——三毛

在成为母亲的过程中，我们和自己的关系这个部分是基础，也是需要花较多的时间和精力去充分准备的部分，我们先来看看在自我这个部分我们会面临哪些典型的挑战。

1. 身份改变与追求平衡的挑战

我们已经了解到，每一个人的生命都会有一个规律性的发展和递进过程，当我们进入到成年期，建立家庭，成为母亲，会有一个非常重要的主题出现——追求平衡。

这种平衡不单单是心理学家埃里克森在生命发展进程中提到的妈妈自我发展和更好养育孩子的平衡需求，它更加宽泛地囊括了我们在日常生活当中对各种关系的平衡，个人精力、时间和家庭需要的平衡，工作和生活的平衡等诸如此类的平衡需求。

追求平衡，这是在成为母亲的过程当中，我们要面临的巨大挑战，同时这其实也是一个女人的生命课题。为什么追求平衡会变得如此重要呢？我们先来看看我们的身份会发生哪些复杂的变化。

我们是自己，是妻子，是母亲，是女儿，是儿媳妇，是朋友，是员工……生命进展到这个阶段，上有老，下有小，要养育孩子，要照顾老人，要工作，要支持家庭……而且在时代和教育的压力下，单单是母亲这个身份，就还有很多"副职"：厨师、司机、保姆、营养师、

第一章
接受新身份，
做滋养自己的好朋友

心理师、游戏师、辅导员……一个女人在成为母亲之后，她的身份进入到最为多元与复杂的阶段。

每一个身份都代表着一份期待，更代表着一种时间和精力的分配需要。调整自己的角色结构并拥抱母亲这个身份，是一个非常重要的改变。这意味着，母亲这个身份的增加，需要一个女人去调整她生命里的各个身份以及时间和精力的分配，调整生命系统中每个角色的新期待和新任务。一个人每天只有 24 小时，增加了妈妈这个非常需要时间和精力的角色之后，如果不对生命系统中的其他角色进行重组，一个新妈妈可能会觉得孩子是一个硬生生插进来的"事情"，很多时候，自己的时间和精力分配变得"不得不"给这个孩子。这是一种非常被动的适应，也会给新妈妈带来巨大的身心压力，进而可能会引发非常多被动和负面的感受，也会大大影响亲子关系。

比如说，养育孩子是父母的义务和责任，不是老人的。因此老人来帮我们带孩子，是情分而不是义务。这个道理一说出来，我想大家都懂，但做起来的时候往往就不是这么回事儿了。我在日常的工作中，接触到很多对老人带孩子颇有微词的年轻父母，他们既离不开父母的帮衬，又不愿意接受父母和自己不同的养育理念，因而生出很多抱怨。

孩子是我们的，我们生下孩子，养育孩子便是我们的责任和义务，这是父母这个身份要求我们必须要承担的部分。当我们把这个责任拱手让人的时候，其实就部分放弃了这个角色。如果在成为父母的时候，我们可以欢迎和接纳自己的新身份，就一定会相应地开始对我们的生活进行系统性的调整。

很明显，在"拥有儿童的家庭"这个阶段，首要的调整就是接纳

自己的新身份，并勇敢地承担这个新身份所对应的责任和义务。

接纳自己的新角色非常重要！我们在成为妈妈的时候，如果可以对于"母亲"这个角色有一个充分的欢迎和接纳、准备和思考的话，将会极大地支持我们顺利地度过最初的适应期，让我们做出更多的主动选择，去承担，去负责任，而不是抱怨。这可以很好地帮助我们主动调用整个家庭的资源来支持自己。

接下来，我更想说的是，我们是妈妈，更是自己。我在这里需要提醒妈妈们，一定不能忘了自己，一定要记得自己的梦想和愿望。只有你不忘记自己，才会为自己争得空间。也只有当你滋养好了自己，满足了自己的愿望，也才能更好地调用你身边的关系和资源，达到身心的平衡。不忘记自己，照顾好自己，去建设和自己更好的关系，其实是一切良好关系的基础。

2. 做事情的能力与生存力的挑战

如果妈妈是一台机器，修改程序，设置新的内容输入就可以了。但我们是活生生的人，会感觉到疲惫和难过，我们需要休息。这就意味着，不注意养护自己的话，我们做事情的能力就会衰减。

生产会让一个女人的身体经历损耗，这是需要一些时间来修复的。长期睡眠不足又较少得到养育支持的妈妈，会渐渐出现精力低下、焦躁、消极、人际关系单薄、缺乏激情等状态，随着时间的推移，甚至会出现家庭关系的淡漠。诸如婚内单亲、丧偶式育儿、云端式育儿描绘的几乎都是这样的状态。

精力低下

首先是非常普遍的"精力低下"。我记得自己休产假的时候，信心满满,每天跟打了鸡血似的,白天照顾孩子的吃喝拉撒,晚上还要起来喂奶,这都没有让我觉得有什么问题。半年之后回公司上班,问题就来了。之前的工作本来就十分忙碌,加上这个小家伙带来的所有关系的改变,我常常需要在孩子睡着之后起来工作,渐渐地觉得体力不支了。

和很多妈妈聊天,我知道我的情况还算是好的,因为我的孩子睡眠一直非常好,养育方面也很顺利,家庭也算和睦幸福,所以我只是需要多锻炼、加强时间管理和调整工作量就可以了。而我所认识的很多妈妈,养育方面所带来的挑战就足以让她们操碎了心,再加上因为小宝贝降临所带来的新家庭和原生家庭融合所产生的冲突,更是让她们心力交瘁。

很多妈妈都说,好多事情自己知道怎么做,应该怎么做,可是没有精力啊,每天都觉得很累,打一周鸡血可以,可是如果一个月、一年、两年、三年都持续这样呢?人会被慢慢透支和掏空,精力低下直接影响着我们的身体状况和人际关系状态。

焦虑和烦躁

妈妈遇到的第二个挑战是焦虑和烦躁。几乎每个家庭都面临着"三多一快"的考验:太多的物质、太多的选择、太多的资讯,以及太快的速度。这对在育儿过程中承担极其重要角色的妈妈来说,是很大的挑战,需要很强的选择能力。

当一个妈妈被这样"三多一快"的环境推动和逼迫的时候,容易担心孩子错过所谓"好的阶段",担心孩子输在起跑线上,担心自己没有提供给孩子更好的条件,担心自己做得不够好,不够多,加上精力又在不断下降,这会让她们来来回回地纠结,慢慢地就很容易落入焦虑和烦躁的状态里去了。

精力断层会强烈影响到我们的烦躁程度和专注时长。我们有那么多的微信群,那么多的公众订阅号,还有朋友圈铺天盖地的信息,工作的要求,孩子的期待,至于父母、伴侣就先等一等吧。家庭关系慢慢地在我们精力水平不断下降的过程中变得消极冷却,变得只是以孩子为中心来联结彼此。

这样的生存状态会让我们的生活只停留在对家庭事务层面的协商,比如谁去买菜、谁洗衣服、谁交水电费等,而关于各自的个人需要、愿望、生活感想层面的交流会急剧下降。我们都知道,关系是需要建设和维护的,是需要关系中的人感觉亲密的。"我们依然爱着对方,却很难再感受到对方",生活缺乏精神交流,家庭逐渐成了育儿所。

平静的绝望

这时妈妈们可能就要面临第三个挑战:消极。"我做了那么多,在育儿中承担了巨大的压力和责任,在关系中成为协调的核心人员,可是,我没有时间快乐"。

如果说有快乐,也是在面对孩子的时候能感觉到一些,甚至面对孩子时,自己都不太能有好心情了。除此之外,似乎我们已经丢失了自己。自己的爱好不见了,和老公没有那么亲密了,和老人相处矛盾不断……我们这么努力,我们这么用心,可为什么生活还是一团糟呢?那就这样吧,维持下去就好了。

"平静的绝望"就这样悄悄降临在家里,日子还是每天都在过,不悲不喜,可也一眼就能望到头,在平静和沉默中日渐走向衰老。对生活的那份期待和憧憬都被抛之脑后了。在这种状态下，生命的活力不容易被看见。

缺乏亲密联结

在这样的平静中，我们和另外一个人发生亲密联结的可能性会被大大降低。围绕自身的人际关系和支持系统开始变得脆弱起来，这会在我们的周围形成一个空洞。

人都有追寻安全感和归属感的需要，缺乏成年人系统支持的妈妈，极有可能通过紧紧抓住自己的孩子来构建亲密关系，从而满足自己对亲密关系的需要。这对孩子来说，将会是极大的成长剥夺。

孩子天然忠诚地爱着父母，当一个妈妈不能构建自己的成人支持系统时，孩子就会牺牲自己的成长，去配合妈妈的需要。因为孩子看到自己一离开，妈妈就没有人陪伴和支持了，他觉得自己要为妈妈的开心而负责，离开妈妈会让孩子有强烈的内疚感。这样的情况会带来妈妈和孩子的共生关系。婚内单亲家庭、丧偶式育儿、云端式育儿除了谴责伴侣没有承担养育责任之外，更呈现了父母一方和孩子的共生关系。

一个缺乏亲密关系滋养的妈妈对孩子带来的影响是深远的。常见的千年难题"婆媳冲突"如果从这个角度来解读，或许会有更清晰的视角：儿子感觉需要对妈妈的开心负责，会忠诚于妈妈的人生。当儿子成家，媳妇加入，长年缺乏成年人亲密关系支持的婆婆就会紧紧抓着儿子不放："你怎么可以和另外一个人亲密呢？"媳妇会觉得受到很大的威胁。于是两个女人就形成了竞争而不是合作的关系，这必然带来巨大的冲突。

如果儿子可以在这个关系中清楚地认识到要为自己的人生负责，妈妈需要为她自己的亲密关系负责，通常婆媳关系会比较好处理。但我们常常遇到的情形是，儿子就算长大了，长年和妈妈的共生关系仍然会让他非常痛苦，让他难以离开妈妈，继而导致他很难对自己的情感生活负责，一边是对妈妈的忠诚和内疚，一边是对无法保护妻子的愤怒和沮丧，在这样的冲突中，内心十分痛苦。

无论孩子成年与否，如果妈妈的亲密关系缺失，人际关系淡漠，内在和外在的人际支持匮乏，孩子就比较容易成为妈妈人生的附属品。

缺失生活的意义

一个妈妈会遇到的常见挑战还有：缺失生活的意义。如果以上四大挑战持续一段时间之后，生活的意义对一位妈妈来说将会是奢侈品。

长期精力低下、焦躁、平静的绝望和缺乏亲密联结，会让一个人打不起精神，失去自我，直接的打击将会是生活变得没有意义。

成为妈妈之后，我们可能发现自己永远都在回应别人的问题，而不是执行自己的日程安排。我们很少休息，专注力日渐衰减，精力分散，效率低下。在我们的生活中，很难找得到可以接纳、享受并热诚地投入其中的事情，即便找得到，我们也常常会说："我现在最需要的就是能睡个整觉或者好好洗个澡！不要再和我谈什么生活的意义啦！"

实际情况是，长期得不到休息和身心修复的妈妈们花费了太多时间和精力应付外界的问题，看不到生活的期望和意义。

以上五大挑战是初为人母时最常遇到的问题。同时，我们的内心深刻地知道，这不是我们理想中的生活，或许真的有更好的，但是现在的我们还没有找到。那么，真的找不到吗？我不这么认为。

他人

• 新的家庭结构

妈妈这个身份的增加还会带来很多交互关系的改变。在"4+2+1"的只有一个孩子的家庭结构中,因为孩子的加入,这7个人组成的家庭将会存在更为复杂的关系。一个新生儿就把祖辈和父辈拉到一个屋檐下,这打破了小两口原来的二人世界,因为孩子的到来,这些关系会达到前所未有的高黏合状态(见图1-2)。

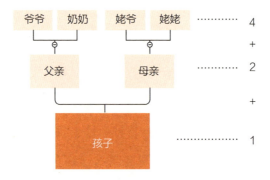

图 1-2 新家庭结构图

• 夫妻关系是核心

有关系的地方,就会有期待。当彼此期待不匹配的时候,就会有冲突和挑战发生。当关系出现了挑战时,很多家庭都期望核心家庭中的这位妈妈站出来来解决问题。比如,姥姥姥爷因为带孩子有矛盾了,妈妈能不管不顾吗?

然而,一个非常现实的状况就是,孩子3岁之前的养育,母亲会承担更多的责任,一是因为孩子在这个发展阶段非常需要母亲更多的照顾以奠定安全感；另外一个普遍的现象是，父亲在孩子母亲和祖辈对孩子的保护与照顾之下，往往会被排挤出养育核心圈，成为家庭中被边缘化的养育者；再者，孩子的降临一下子就吸引住了家庭中所有人的目光，母亲在这个过程中既要付出巨大的心力，还不容易获得其余家庭成员的支持和关爱。

一边是孩子高黏度的需要，一边是伴侣的支持匮乏，同时还伴随与长辈养育理念的冲突，这常常会让新妈妈在新的复杂关系中感到巨大的养育责任并伴随着委屈、孤独和疲惫。不同程度的产后抑郁是目前女性比较高发的心理疾病，这除了跟女性在这个阶段身心的巨大改变有关之外，还有一个更重要的原因就是在这个阶段，很多新妈妈会普遍感受到缺乏支持和关爱。

一个关于夫妻治疗的实证研究表明，在孩子出生的第一年，超过**90%**的受访夫妻表示，这个阶段虽然会有育儿方面的极大喜悦，但作为夫妻，情感的亲密度、生活质量都是下降的。很多新手父母觉得，夫妻沟通情感的时间被育儿时间所挤压，大多数的新妈妈和新爸爸都体验到了身心的疲惫感。

也就是说，当一位新妈妈觉得自己缺乏支持和关爱的时候，很有可能，她的伴侣也有同样的感受。

也许，你已经做好了成为妈妈的准备，并从心底接纳了这个角色带给你的改变，但一个很大的可能是你的伴侣还在寻找感觉，尤其是从小被父母保护得很好的伴侣可能需要更多的时间来适应这个过程。毕竟妈妈怀胎十月，通常都是最先找到做父母感觉的那一个。

所以，这个时候，对伴侣要有一些耐心，并想办法帮助对方尽快适应这个角色。一个很重要的方法就是，妈妈们一定不要大包大揽育儿，一定要邀请爸爸们加入育儿。千万不要一边把自己当作老母鸡护崽儿，不愿意放手，一边还嫌弃伴侣不干活儿、不参与。任何时候都不要忘记，伴侣是我们育儿路途中最有力的盟友，无论他是猪队友还是英雄，他和我们一样，除了需要得到支持和肯定之外，还需要练习的机会。

夫妻关系是家庭结构中最需要稳固的关系。 根据 4+2+1 的家庭结构图，我们可以看到，家庭结构之所以存在，是因为先有了中间这 2 个人，才把其余 5 个人联结了起来。没有这一层关系，其余关系就散掉了。

这也是我在工作坊中不断提醒学员朋友们去看到的一个部分，"对夫妻系统的调整以给儿童足够的成长空间"也是在"拥有儿童的家庭"生命周期中最重要的一项任务。这个任务完成得好，其余关系就会各得其所，老人不会占了父母的位置，孩子也会和父母有更为紧密的联结，换句话说，这个部分转换得好，可以帮助家庭结构中的 7 个人各司其职，各得其所。

夫妻关系的稳固和亲密联结也会让三口之家得到很好的保护，与各自的原生家庭保持合适的心理距离，这样姥姥姥爷、爷爷奶奶会选择成为你们育儿的支持者，而不是代替者或者控制者，这一点非常非常重要。

如果这个部分不够稳固，隔代养育的冲突、夫妻关系质量下滑等问题都会随之产生，这是我希望妈妈们可以从这本书一开始就关注到的部分。

如果你和伴侣可以经常讨论有了孩子之后的身份转变，对各自原生家庭的协调与分工，对各自精力和时间的分配、财务的分配、家务的分配等内容进行充分的讨论，这样就能够给孩子一个足够的心理和物理的支持。而这样的讨论也会让伴侣之间有更多的联结，让你们共同成为育儿路上的拓荒者、盟友、战友和好朋友。

- **与其余家庭成员联结**

当一个家庭进入到"拥有儿童"这个阶段时，第二个和第三个重要转变任务就出现了：抚养儿童，财务和家务的合作，以及包含父母和祖父母的延伸家庭的关系重组。

在拥有学龄前儿童的阶段，许多家庭都存在隔代养育的现象。这意味着有好几年的时间，大部分家庭都是三代同堂的。

这需要我们去接纳和不同的人共同生活在一个屋檐下的状况，为了育儿而相互有了更多的联结。祖辈们也进入了新的生命阶段，当我们和他们有冲突的时候，也需要提醒自己去观察老人的"自我、他人、情境"的要素。大部分老人都是背井离乡来支持儿女，首先，情境发生了巨大的改变；其次，他们的关系圈完全改变了，变成了围绕孙辈的窄小的网络；再次，他们真的老了，身体大不如前，走得慢，眼睛花。他们的生命发展进入到了暮年，却要去做像年轻人一样抚养孩子的工作，这是一个巨大的内在冲突。然而，他们还是来了，这得需要多大的爱才能让他们在本该安享晚年的时候去做这么具有挑战性的工作啊，还要承担这么多的责任和抱怨。

作为儿女，我们真的需要看到父母克服了很多困难来支持我们育儿，需要真诚地感谢他们。

写到这里，我想到了有一天我和母亲之间的一段对话。我和母亲在聊家常，母亲有些想念家乡，我看到坐在阳光里白发苍苍的母亲，突然意识到这是一份多么大的恩赐，就赶紧对母亲说："谢谢老妈，我知道，你是因为爱我才从成都到北京来的，谢谢你和爸爸克服了这么多的困难来帮助我们，谢谢！"说完，我们母女都流下了眼泪。

我们的父母从儿时开始就是我们的天，好像到老了，也在不遗余力地照顾着我们。我很庆幸在那个时刻仿佛醍醐灌顶般的醒悟和觉察，让我体验到了父母对我巨大的爱与照顾，并且直接表达出了我的感谢，这让我和父母之间的爱得到了更好的流动，家庭关系也更为和睦。

也有很多时候，我们太忙碌了，回到家，迫不及待想知道的自然是孩子的事。渐渐地，我们和父母之间的交流好像就只有这个小孩子了。**我们开始变成以孩子为理由来联结彼此，而不是以我们之间的爱来直接相处了。**这其实也是夫妻关系中的一个梗，很多夫妻在有了孩子之后，交流的主题几乎都是孩子了，所以常常可以听见有人调侃丈夫或者妻子会吃孩子的醋。

所以，**在与其余家庭成员的关系构建中，一定要注意尽量和对方发生直接的关联，而不是通过孩子去发生关联。**

比如，要记得常常去看看父母的床头，他们吃什么药，会不会起夜，身体近来如何，关心一下白天他们除了带孩子之外，还做了什么愉悦他们自己的事。周末的时候，带老人家散散心或者给他们放假，在一起时，和他们讨论他们感兴趣的话题。他们的体力已大不如前，却要承担很多的育儿工作，一天下来，应该是很累的。等我们回到家，请记得感谢他们一天的付出，并接过育儿的接力棒。

这不仅可以让孩子从我们的言传身教中学习到父母是如何做儿女的，也能更好地支持老人与我们进行育儿的配合。

我的父母都是四川人，他们很喜欢打麻将。来北京帮我们带孩子之前，他们晚饭后的娱乐都是和三五个好友聚在一起打麻将。我和先生每晚把孩子哄睡之后，也会陪父母亲打上一个小时的麻将，天儿也聊了，也娱乐高兴了，每周还会在麻将桌上顺便把家庭会议开了。在那之前，我从来不打麻将，为了陪伴父母，请他们教我打麻将，一局几毛钱的竞赛，让我们真的非常开心。同时，每天早上我也会尽量早起一些，和早起做早饭的母亲聊聊天，关心一下她的身心状态。晚上回到家，我会和父亲聊聊他看了什么电视节目，读了什么报纸，等等。也就是说，我会把时间花在他们身上，去构建和他们之间真实的关系。

每个周六下午，是我们夫妻的相处时间，我会请老人帮忙，让我们可以出去活动活动，构建夫妻之间的亲密关系；每个周日，是父母的放假日，通常我们会带着一家老小出去玩耍，在外面吃饭，请父母各处走走，吃吃喝喝一起过个周末；每天晚上下班回家，我们一定会接过育儿接力棒，让老人能够充分休息。

这样的方式，花的时间都不多，却让我们有非常好的沟通，孩子也因此能生活在和睦友爱的氛围里。

养育方式是千人千面，因人而异的，这需要大量的沟通。

在处理和他人关系的这个部分，我通常会建议大家务必安排"家庭会议"，这只是一个形象的说法。比如在我家，开会就是在打麻将的时候随意进行的，彼此交流或进行育儿讨论，效果也是不错的。常见的做法有晚饭之后，一家人在一起聊聊天，或者周末晚上孩子入睡之后聊聊天，彼此交流交流。遇到紧急的事情，随机随时处理，等等。

如果你可以充分关注到成员之间的差异，寻找共同的主题来交流，一次一次不断地实践，达成共识的机会就会越来越多。

比如说坐月子这个主题，就需要你和伴侣先达成共识，然后再邀请其余人来支持，或者是老人，或者是亲戚，或者是月嫂，等等。再比如，产假结束之后，你的时间和精力分配需要调整，工作怎么安排，伴侣和家人要如何配合，才能支持你更好地育儿，都是可以在家庭中讨论的。

这是一个家庭系统要做出的调整和承诺，妈妈们一定要调用身边的亲人、资源来支持自己。具体的方法在随后的章节中都会涉及。

以上是关于"他人"的比较重要的内容，接下来，我们再看看"情境"的部分。

情境

情境主要从两个大的层面上来看，第一个是代际传承构建的无形养育环境，也是我们每个家庭成员对应的更为宏大的成长背景，第二个是目前时代"物质过多、选择过多、资讯过多、速度过快"（三多一快）的客观环境。

在系统家庭治疗领域，有一个专业的术语叫"代际传承"。我们做母亲的技能，最初从哪里来的呢？是从我们的父母那里来的。那我们的父母是如何养育我们的呢？他们的技能是从他们的父母，也就是我们的祖辈那里来的。

当我们成为母亲的时候，有必要去了解我们的父母是如何被养大的，同时他们又是如何养大我们的。我们在成长过程中，会对父母养育我们的方法有直观的感受，但这并不代表我们的感受就是父母当年那样做的本意，这需要我们去好奇，去采访他们。这将会帮助我们更清晰地看到我们所在家族的养育路径与特点，使我们在传承家族命运的同时，也获得打破我们所不能接受的家族习性的机会。

先来看看我们的父母，他们在受教育方面受到了很大的剥夺，他们大多错过了最适合学习的年纪，他们未完成的学业变成了我们成长过程中一个很重要的期待。当我们承接这一部分命运的时候，没有压力是不可能的。我们的父母还经历了时代的创伤，这些创伤对应的内疚、匮乏、恐惧、焦虑，也会植入我们早年的养育环境里。

当我们中的大多数人出生的时候，国家又出台了独生子女政策，一个家庭的命运，一个家庭的传承，都放在了我们身上。如果一个孩子在成长的过程中，需要背负整个家族的传承期待时，就会显得比较辛苦。

很多女孩的父母可能会对女儿说："你要优秀，甚至要比你周围的男孩子还要优秀！"这极有可能成为一个女人在做母亲之后，平衡家庭和工作问题的一个束缚。很多女性朋友都和我分享过这方面的束缚，她们没有办法停下来，觉得带孩子是一件很浪费时间的事，如果回家做全职太太，就会面对父母期待的落差，"我们培养你这么多年，就是让你回家做保姆吗？"

很多女性身陷其中，纠结又痛苦。一边是复苏的柔软的母亲本能，一边是传承家族期望的钢铁铠甲。很多人会选择"燃烧自己"，在孩子出生的最初几年，把自己搞得非常耗竭。

所以，当我们成为母亲之后，需要很慎重地区分自己内心的愿望和家族的期待。作为成年人，你有选择为自己生活的权利，你也值得为自己内心真实的愿望而生活。你也一定可以找到平衡的生活方法。

我们在早年和父母期待的相处模式，也会潜移默化地进入我们的亲子关系里。如果我们幼年的时候被很多期待包围着，不能有意识去做区分，我们的孩子很可能也会向我们学习，继续背负我们的期待，很难轻松地活出自己的样子。

如果我们的内在是过载的，在物质如此丰厚的时代，环境就会外化我们的内在关系，让我们面临物质过多、资讯过多、选择过多、速度过快的问题。这些环境包裹着我们，这是这个时代的特征之一，我们需要去看见它。

当我们无意识地随着生活运转，可能会感受到一种莫名的焦虑，也会比较容易没有节制地提供给孩子"三多一快"的环境，可能会让孩子在新的时代传承我们过去被养育的模式。

生活在这样被我们投射了很多焦虑和紧张的环境中，孩子也会不得轻松，背上重重负累，成为他过载的原因（见图1-3）。

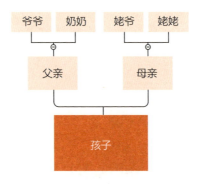

图1-3 孩子背着全家

这是来自时代和大环境的焦虑。我们接着来看看新的家庭结构会给孩子带来什么样的焦虑。我们现在的家庭普遍是4+2+1的结构，随着二胎的放开，4+2+2的结构也会慢慢增多。这样的结构对一个孩子的压力可以用一个小游戏来活现。

假设有6台摄像机，分别是爷爷、奶奶、姥姥、姥爷、爸爸、妈妈。孩子的每一个举动都会被这6台摄像机随时关注和记录，这就仿佛生活中每时每刻都有6双眼睛在看着自己在做什么，不论正向的还是负向的行为，这其实会给孩子带来压力，在这样的紧密关注下，孩子很难获得独处的轻松感。

这便是家庭代际传承和家庭结构给养育环境带来的焦虑。

在成为母亲的过程中，我们需要看到自己对孩子的期待是怎么来的，我们是如何成长的，更为宏大的成长背景需要被我们的意识之光去照亮！这样，我们就有机会区分这是我们的期待还是孩子本来的需要。这个区分，还可以帮助我们看到孩子是和我们不一样的人，并提醒我们保持更好的养育和陪伴状态，而不去把自己的期待凌驾于孩子自身的生命成长之上。

当孩子需要用生命去忠诚于父母的期待时，自己的需要就被压抑了，巨大的张力和压力就会充满孩子的整个生命。要想突破这个桎梏，很需要母亲自身的觉醒。

大环境无形地包裹着我们的家庭，不容易被我们所了解，但非常值得我们花时间和精力去梳理，这会扫除我们做母亲路上的无意识惯性，对养育的益处是不可估量的。

现在，我们来看看时代的客观环境，在这个部分，家庭的任务是"与社区和更大的社会系统进行关系重组"。

每个家庭需要更为深入地理解自己的需要，然后对社会提供的资源进行主动选择。这里面包含了父母、养育者对孩子的真实观察和对自己养育蓝图的设计。这些内容都会在后续的章节中提供更为详细的训练和支持。

我们已经从关系入手，在自我、他人、情境三个方向上做了一些

第一章
接受新身份，做滋养自己的好朋友

观察，下面我们就来看看，在成为母亲的过程中，如何从自我、他人、情境三个方向上来接受生命的馈赠，拥抱并接纳变化，成为足够好的母亲。

● 实践分享：接纳"母亲"这个新身份

我和先生决定要孩子是在2010年的春天，那也是我和先生结婚后的第四年。

婚前的每一年，我都会给自己做一个年度总结与展望。婚后的每一年，我都会邀请先生和我一起讨论一下家庭的年度总结与展望，前面三年，都被他毫不犹豫地拒绝了，我选择继续等待。到婚后第四年，我连续几年的持续邀请终于得到了他积极的响应。

那一天是2010年2月28日，正月十五。我记得那天很冷，北京刚下过雪，我和先生窝在家里的客厅，开始很正式地讨论2010年我们的家庭展望。

我用一块黑白格子的大披肩当桌布，放了一枝花，给先生和我自己各冲了一杯咖啡，让家里飘荡着轻音乐之后，我们才坐下来讨论。

事实证明，这样具有仪式感的讨论，给我们未来的婚姻生活提供了特别好的支持。

我们用了比较长的时间来讨论如何从"我"到"我们"，我们两个人要如何在一起过好2010年。讨论的结果是三个关键词：孩子、房子、娘子。我们郑重其事地在家庭计划上分别签了字，在婚后第四年开始了经过我们讨论的家庭生活。

在那之前，我在一家很大的互联网公司工作，每个月的出差时间平均在半个月以上，先生也差不多。当我们决定在那一年成为父母之后，我们首先做的就是尽我们所能调整工作内容。

我开始缩减出差频次，向老板请示，准备转岗。先生也更加注重工作效率，缩减出差安排，预留出更多的时间在北京和我一起锻炼身体。

这样的安排刚开始不是那么容易，习惯了多年的工作节奏被改变，引发的是整个工作系统和家庭生活中时间和精力的调整。有趣的是，当我们这样调整了工作和生活的安排时，我们明白了一个道理：这个世界缺了我们一样转。

我们也就更加心安理得地挪出时间来照顾自己，这个发现让我们在后面的婚姻生活中受益匪浅，也正好应验了时间管理中很核心的要点："你觉得哪里重要，你就会把时间花在哪里"。这就是有意识的时间分配。

而我们之前的时间安排是无意识的分配：**我们的时间花在了哪里证明了我们觉得哪里重要**。对时间体验的不同，帮助我们两个人更加有意识地去把时间分配在我们觉得重要的家庭生活上。

这也提示着我们需要不断地为即将到来的新身份做好准备，我们做的第二件事儿是去采访我们各自的家人："你们是如何把我们养育和支持得这么优秀的呢？"

首先，这表达了我们对父母和家人的感谢；其次，这表达了我们对自己很满意，没有对父母的怨言；第三，这表达了我们很虚心地向家人取经并邀请他们来帮助我们成为像他们一样优秀的父母和家人。

这个问题开启了家人们的回忆，听着自己小时候的故事，我们内心升起了深深的感动和感谢，多次的讨论也加深了我们和家人的联结，让我们更希望自己成为合格的爸爸妈妈。

大家都说，这个世界上只有父母这个职业是没有上岗证的。在无意识中，我们采访家人的活动，让我们俩都接受了一番岗前培训，并为即将到来的身份改变做好了准备。

这些实践帮助了我和先生对各自的"自我、他人、情境"进行了有效的梳理，并通过讨论寻找交集，进而影响到整个家族，为后面拥有孩子的人生阶段做了非常好的铺垫，同时我们也在彼此不断的交流以及与父母深入的互动之后，确定了自己的养育蓝图——"我做主、我选择、我负责"。

为身份改变做好准备，接受生命的馈赠，接纳并拥抱身份的变化带来的所有改变。这是第一章里最为核心的内容，也是本书自我管理的基础。

第二节

拥抱并接纳生命中新的变化

在自我层面，悦己乐活

- 照顾好自己，就是对家人最好的祝福

我的母亲1944年出生，曾经是一名小学教师，如今70多岁了，可以使用微信，常常玩自拍发照片给我们，还可以在大海上浮潜，养花种草，织补衣物，每天运动，甚至和我一起练习书法，每年固定时间烫染头发，购置新衣……母亲把自己照顾得很好，是所有亲人们尊重和敬佩的人。

现在的她，越来越美，我的很多朋友都说她完全不像 70 多岁的老人，她显得年轻而富有活力。我记得前几年她和我们一起爬长城，那么多台阶，她不坐缆车，就那么一点点、一步步登顶，居然还想尝试和我们一起坐滑道穿越着下山，因为年龄过大，不被允许才作罢。这样持续好奇持续成长的状态，实在了不起。

有一天我去"采访"母亲，我问她："妈妈，您的梦想是什么啊？"我妈妈笑眯眯地说："就是你们生活得好啊，把你们照顾好啊。"我追问："妈妈，我说的是您的梦想哦！"我母亲继续回答："我的梦想，不就是大家都平平安安，健健康康的嘛！"我继续追问："哎呀，我的妈妈呀，我说的是您自己的梦想是啥啊？"

我的母亲好像从来没有被人问过这样奇怪的问题，她认真地想了一会儿，说："我的？我一个人的？"我说："是的，就是没有爸爸，没有我们几个，您希望自己做什么？"

她突然就展颜一笑，然后很开心地说："我啊，当我还是姑娘的时候，生活在农村，每天种地照顾家里人，我就很希望可以走出去多看看。我也喜欢吃，那个时候吃不到什么好吃的，我就希望以后可以吃到很多好吃的。所以现在来帮你们带孩子，还是我快 70 岁了第一次离开四川啊！真谢谢你和女婿经常带我吃好吃的，我的乖儿。"

我的眼泪一下子就流出来了，原来我母亲的梦想是这样的淳朴和简单，我都 34 岁了，才第一次了解到她作为一个独立的人心中的愿望，我搂着母亲："妈妈，谢谢您告诉我，我们很开心可以支持您。"

因此，在后来我们相处的几年中，到了周末或者假期，我们总会安排在外就餐或者旅行，每到这个时候，母亲都很快乐，充满了活力，特别可爱。当她作为一个独立个体的愿望得到满足之后所焕发出来的

第一章
接受新身份，
做滋养自己的好朋友

生命力让我们印象非常深刻，而更为宝贵的是，她可以由此唤醒自己生命内在的动力：为自己而活！这份动力帮助了我的母亲在父亲离世之后，能够依然坚强、快乐地生活着，并越活越动人，同时也给了我非常多的动力。

父亲离世之后，有好几年母亲都在北京和我们一起生活。她有糖尿病，但在北京一直很稳定，她常常告诉我们，她觉得愉快和幸福。母亲真是我的好榜样，她常常会主动表达对我们的感谢，而我们为她做的不及她为我们付出的千分之一。

我记得有一年我们要带她去泰国，那是她第一次出国，母亲很兴奋，当我告诉她到那边要游泳还要潜水，她开始很纠结："我要不要穿那么暴露的泳衣啊？"结果，到了当地，她很快入乡随俗，泳衣、纱丽样样来，一样喜欢买买买，在海边潜泳，那时她已经七十多岁了，哆哆嗦嗦下去，开开心心上来，浑身嘀嗒着水跟我说好耍！

每当她愿意为自己而活，能够明确表达拒绝的时候，我都会由衷地被她感动。我常常想，一个女人，无论她的年纪是 10 岁还是 70 岁，永远都有机会选择把自己照顾好，拿出时间和精力来爱自己。而这股力量完全可以滋养到她身边的人，尤其是她的孩子。

作为她的孩子，我很感谢母亲。感谢她无论在身体上还是精神上都如此强健，如此丰盛，这是我一辈子的精神指引和精神财富。我即便已经 41 岁，也依然可以不断地从母亲身上学习到很多做人的道理，而至为重要的是，我不用对她的生命负责，因为她不需要！她一直用自己的精神引领着自己的生命，她让我们所有儿女相信，她可以很好地照顾自己，并与我们每一个孩子相处融洽。她的这份放手和允许，让我可以放心地去追寻自己的内在使命，不用去替代她活，不用担心她，却又时刻可以感受到她对我们巨大而温暖的爱。这对于我来说，是极大的自由、支持和帮助。

母亲在我心里，是强大而安全的，是丰富而安宁的。每当我进入到自我成长的关键期时，母亲总是会用她宽广的心胸容纳我的突变，这让我获得了成长所需要的巨大的支持和安全感。也就是说，无论我升起还是回落，她都是我身后坚实的依靠。

我的大姐在 1969 年出生，这意味着我的母亲从怀孕那一刻开始，成为母亲已经 50 年。我现在 41 岁，成为母亲 8 年多。我还有很长的路要走，而我一直走得还比较顺利，我想这其中有很大的原因是在我幼年时父母给过我很好的支持，在我成年之后父母给过我很好的分离。我曾经问过他们如何可以做得到？我的父亲回答我说："我们养你到 18 岁，以后的路你自己走。我们能做的，是不让你操心，我们自己可以照顾好自己。"

我很感谢我的父亲和母亲，他们传递给我这样一个信念——照顾好自己，就是对家人最好的祝福。

- **角色轮盘/生命关系罗盘**

在我的线下工作坊中，我经常会邀请来访的妈妈制做一个角色轮盘，将自己目前人生中的所有角色放在一个 360°的圆盘里面，然后去拆分比重。大家会看到所有的角色组合成就了现在的自己。大部分来访者会很快速地写出"我是妈妈、我是妻子、我是女儿、我是同事、我是朋友、我是闺蜜、我是客户、我是老师"等非常丰富的角色。但是，几乎每一场工作坊中，我都很难遇到一个人会把"自己"这个角色写出来。

第一章
接受新身份，
做滋养自己的好朋友

我想这是我非常需要提醒大家注意的一件事：在做母亲的时候，千万不要忘掉你自己。

- **做滋养自己的好朋友**

我也常常邀请学员朋友们尝试着去和自己对话，去做滋养自己的好朋友。

当你试着把自己这个角色剥离出来的时候，你将获得一种全新的视角来看待你和自己的关系。

请你想一想，你会如何对待自己的好朋友呢？我猜，你一定会比较了解她的喜好，并特别愿意投其所好让她幸福快乐。所以，请记得把你自己作为你最亲密的朋友，从这个视角去看待你与自己的关系。

如果你这样看待你和自己的关系，你就会很容易地知道怎么做能让你这个最好的朋友——你自己——开心、快乐与幸福。

当你这么做的时候，一种深刻的慈悲将在你的内心升起，你内在的价值感、值得感、能力感都会变得更加丰盛。

这个时候你可能就会涌起对自己的好奇，是的，对自己的好奇！听上去好像有些陌生是吗？我想很多人会有这样的感觉。我们花了很多时间去照顾孩子、家人、工作，花心思去了解他们的需要，并尽可能满足大家的需要，这样自己也开始觉得被需要，会在关系中获得满足。如果我们分一点点好奇给自己，自己是如何成长的？经历了哪些发展敏感期？自己什么时候开心？什么时候不开心？用这些简单的问题来问问自己吧，去看看会有什么答案。

当你足够了解自己以后，你大概就会在自己不舒服不开心的时候知道怎么去帮助和支持自己了，就像你帮助你的孩子那样，充满爱与关怀。知道自己需要多少睡眠才会心情愉悦，知道怎样去调整自己的时间和精力的分配来让自己这个好朋友身心健康。

多多地练习用"好朋友"这个视角来看待自己，你会逐渐变得温柔，对自己充满好奇，你可能会慢慢发现，原来自己也会有敏感期，原来在生完小孩之后，自己的身心激素水平都会发生巨大的改变，因此身心需要很多调整。同时，你也会了解到，产后激素水平的巨大变化，也可能带来抑郁的高风险，因为你是自己的好朋友，所以你会想办法去支持这个好朋友，你会帮助自己度过这一段比较困难的适应期，你一定会给自己更多的时间、温柔和爱。

你看，当你和自己做好朋友的时候，你一定知道怎么去做，只是，你需要转换一个视角，把"自己"这个身份拿出来，放在首要的位置去看见她、照顾她、支持她、爱她。只有自己这个身份稳定并且愉快的时候，其余的身份才会获得力量。

在这个视角转换的过程里，你就成了自己的观察者，就像你和其他人相处的时候那样，你会在你和自己之间得到一个观察空间，一个心理空间。这个观察的空间会支持你在日常的生活中给予自己充分的滋养，从而帮助你在遇到挑战的时候更加从容。这份从容会帮助你在和众生万物的联结里，也获得更加从容的关系。因为，和自己做朋友代表着你对自己信任、敞开、接纳，这其实是融洽关系的核心品质。如果你每一天都活在和自己融洽的关系里，这份信任、敞开、接纳也就能迁移进你的其他关系中，进而支持你活出丰盛的人生。

所以，我建议读到此处的你，去试着了解一下你自己这个好朋友的成长历史，她是怎么样被养大的，她有哪些非常美好的记忆，有哪些是创伤性的记忆，有哪些是她希望带进母亲这个角色里传承给孩子的，有哪些是她不希望在做母亲的时候让自己的孩子再次去经历的。

我经常会对我的学员说："嘿，请你放过自己，请你对自己慈悲一点，你已经是你的孩子在这个世界上最好的妈妈了。"

- **自我管理的安全地基：幸福日志**

谈到如何滋养自己，我想和大家分享一件到现在我已经做了 18 年的事，那就是记录幸福日志。这是对我个人成长帮助极大的练习，当我把这个练习应用到这几年的女性个人成长中时，通过学员的反馈，我了解到这是一件非常值得推广的事情。所有参与这个练习的学员都会在练习的过程里，收获很多力量，可以在不需要他人支持的情况下一步步去做滋养自己的好朋友。

后来我学习积极心理学，才认识到，18 年前我在人生中的黑暗时刻自发创造出的"幸福日志"居然和积极心理学中的"感恩日记"非常相似。记录"感恩日记"是经过大量心理学者研究证实的对个人成长极其有帮助的事，所以，我就更有信心向各位来介绍这个工具了。

可以说，幸福日志是自我管理的安全地基。在我的工作坊中，每一堂课我都会要求学员去做这个工作。在这里，我也希望以当年的一篇小文来介绍幸福日志的部分实践体会，希望大家在读完这部分内容之后，也可以给自己买一个漂亮的笔记本，以便做这样的记录来支持自己，进而达到悦纳自我的状态。

- **实践分享：做个滋养自己的好朋友——关于幸福日志**

某个周日上午，我去参加一个咨询师的个人成长工作坊，老师要求大家 6 人一组做一个练习：分享一个滋养自己的故事。

我很快就分享了前一天下午得到的照顾：只是因为在空调下我的

一个微小的颤抖，就被我的两位咨询师同学捕捉到了，他们为我提供了很温柔的照顾。这样温暖的举动给了我十分美好的滋养。

在团体进行反馈的时候，同组的同学们也给了我很好的反馈，他们从身体到心灵似乎都从我这里得到了很好的滋养。接着，一位同学进一步向我提了一个问题："你是第一个分享的，很自然地讲述了当时的体验，充满了爱的流动。而我在那个时候还在苦苦搜索中，所以我很好奇，你是如何有这样一双'发现美好发现爱'的眼睛的？"

她的提问又进一步滋养到了我，我很感谢大家愿意聆听，就接着分享了为什么想起这样具体而微的小确幸对我一点儿也不困难的原因：那是源自从2001年就开始坚持写幸福日志所带来的力量。

无独有偶，当天晚上我收到以前同事发来的微信："约翰·贝曼说萨提亚有种神奇的魔力，总能让身边的人充满力量和勇气。当他和罗杰斯握手时，他感慨罗杰斯真是个特别的人；而当他和萨提亚握手时，却感觉到他自己是个特别的人。一语道破萨提亚的魅力。给人力量和勇气，让他人感受到自己很特别，真好。"她说："我想和你分享，我今天看完这段话，第一个想到的就是你。"我回复她："谢谢亲爱的，这个太滋养我了。"

不论是对身边事物的快速感知，还是在关系中体验"我自己是个特别的人"这样的赋能，都与"资源取向"（Resource Orientation）的视角有关，这是系统家庭治疗的核心治疗技术和态度。

这不禁让我想起自己在另外一个很重量级的家庭治疗培训项目中，和同学们进行的关于家庭治疗的核心治疗技术——"资源取向"的讨论。

我的一位极有意思的女同学，为了体验光头的感觉，就真的落了发。接着，她在同学群里发"英雄帖"：请各位同学从资源取向的角度，来谈谈光头的好处。

我在很快的时间里，分4次，发过去48条不重样的好处，每一次都问她还要不，她都说要，到第4次发完，时间不过10分钟左右。同学们都非常兴奋，认为我做了一个特别棒的资源取向的示范。

资源取向的视角在我的辅导和咨询工作中，给了我和我的来访者极大的帮助。我们总能在看似混乱甚至走投无路的人生境遇里，一起寻找到来访者自己内在的光，这是极其有帮助的一种生活视角。而这样常常能够发现生命中的美好与爱的视角却不是一两天可以养成的。

- **两句话带来的改变**

2001年，我参加雀巢公司在北京的市场人员培训。课间休息时，刚参加全职工作一年的我跑去提问："我要如何做，才可以做得更好？"这个问题很形而上，我得到的答案却非常实在，并对我影响深远。时任雀巢全国销售总监的Robert Liu看着稚嫩的我，微笑作答："两句话：一是在你生命中的每一天，去发现和昨天不同的至少两个新鲜点；二是坚持原则，但是保持灵活性。两年之后，你必然会和身边同龄人大不相同。"

这两句话给了我很好的指引。结束培训后，我就开始每天记录两个新鲜点，我真的很认真地给自己买了笔记本，我给它命名为"Tara的幸福日志"（Tara是我的英文名字）。这完全不同于我那记录坏心情的日记本（后者我称之为"阴影日志"）。刚开始很困难，我只能像流水账一样去写，今天我吃了什么和昨天不同，今天我买了什么菜和昨天不同，这样的记录比比皆是。慢慢到后来，这样的记录不再只是两条，常常每天都有十条以上。然后我开始扩展每一条，争取把 5W1H（Where, When, Which, What, Who, How）的表述方法代入幸福日志的记录里，也就是把新鲜点发展成新鲜事。再后来，我开始配合手机记录的照片来记录，于是我的文字开始有了镜头感。

通过持之以恒的记录，我每天都去寻找今天和昨日不同的两个新鲜点，要求自己写有感觉的、美好的新鲜事。就这样，记录幸福日志成了我生活的一部分。

而 Robert Liu 当年给我的第二个建议——坚持原则，保持灵活性，让我在工作和生活中很有意识地去训练自己的灵活度，从而拥有了在我学习家庭治疗时，很需要的核心优势——弹性。正如 Robert Liu 预言的那样，我真的在后面的工作和生活中宛如一匹黑马，令我身边的人刮目相看。

- **感恩与悦纳**

这样的记录给我的生活带来了巨大的变化，我开始知道美好的事物降临到我的生命中不是想当然的，我终于学会了感恩。

另外，日积月累地训练自己去观察自己的生活，发现身边的美好事物，让我看事物的眼光潜移默化地变得积极，变得接纳。

我慢慢地能更好地接纳他人了，这来自于我对自己逐渐的接纳。幸福日志让我对自己不再那么挑剔，我对环境开始顺势而为地去接受，去融入，然后去改变。我也居然开始变得温柔，同时更加充满力量。我更容易流泪，更容易感动。我在身体力行地记录美好瞬间的时候，无意间获得了之前自己一直追寻的自我悦纳。

第一章
接受新身份，
做滋养自己的好朋友

- **受比施勇敢**

对很多人来说，施比受更容易被看到和做到。我们很容易在两个人的关系里看到自己为对方做了什么。我们常听到类似的表达："我都为他做了那么多，可是他为什么还是不爱我？我都牺牲了那么多，可是我的父母为什么还是不理解我？"

如果没有把自己的福杯斟满，没有先照顾好自己内在的感受，给出去的爱多半带着向对方索取的味道，甚至这份给予可能是因为我们内在充满着匮乏和对爱的恐惧，因此以给予来呼唤爱。这样的状态对关系不但没有帮助，反而是一种伤害和控制。

感受爱并接受爱，是一种对很多人来说更需要建设的能力，从这个角度来说，受比施勇敢。

幸福日志一个巨大的好处是让我慢慢地对于接受变得坦然，因为我内心里的福杯已经渐渐地在记录的过程中被自己斟满，接受他人的恩赐对我来说不再是匮乏索取的信号，我更容易看到和感受到他人和世界给予我的善意爱与照顾，我不再惧怕，我开始勇敢地接受并快乐地分享。

- **呈现滋养通道，实现主动选择的自由**

在夫妻治疗的过程中，我常常会问我的来访者："你的丈夫/妻子在你们相处的过程中，是如何感受到你的爱的呢？"这个问题很精妙，它会让关系中的一方站在另一方的角度去体验自己的行为，开启两个人的互动。

幸福日志写到一定的数量之后，我会建议大家按照《爱的五种语言》中提到的 5 个分类："肯定的言辞、精心的时刻、接受礼物、服务的行动、身体的接触"来分类记录和整理自己的日志。通过整理，你会发现让自己感受到幸福的主要语言是什么，从而可以将滋养自己这件事从无意识的层面提升到有意识的层面，进而可以在后续的生活中，主动地让自己生活在这样充满爱的场域里。在重要关系里去寻找，去要求，去表达。爱自己，滋养自己将变得有路可循。

这样做，就能从"被动选择"转换到"主动选择"的频道上来。而主动选择带给人的滋养可就非常大了，因为这对应着你拥有选择的自由，可以"我做主、我选择、我负责"。主动选择的自由恰好是一个成年人的核心需求和成熟的标志。

- **全然地陪伴自己**

陪伴自己的力量也辅助了我所有的工作，恰好我所有的从业经历都是需要大量跨部门沟通的，我在困难的道场里，修炼成精，却从来不会忘记自己的初心。前几年我放弃工作回归家庭时，很多朋友觉得非常可惜，担心我会不习惯。几年过去了，我在家庭里得到的滋养更甚从前。当然，每天的幸福日志依然在记录，每天早上我在客厅静默一会儿，每当想到这个主题时，依然感动得泪意翻涌。

当然，向日葵也有需要低头休息的时候。我痛苦的时候并不少，也有想大喊大叫的时候。正是因为我常常被自己发现美好的视角所滋养，才得以在逆境之中获得新生的力量，内心常常能生发出新的能量，帮助我在日常生活中获得新的体验，从而让我能一直统合自己的能量，并始终信奉"我是在为自己而活，进而才可以惠及他人"的原则，让自己和他人在关系里都没有负担。

- **全然地接纳周围的人和环境**

使用5W1H的表述方法记录幸福日志，可以帮助自己更好地看到幸福日志发生的情境。

前文谈到过，事件发生的时候，可以从三个方向来看我们的状态：自我、他人、情境。如上的记录方法就会比较客观地呈现幸福事件发生时的样貌。

如果你可以这样记录，就一定可以看得到，一件事情的发生，"我"不是唯一因素，"他"也不是，"我们"才是事件的核心。每一个人对事情的发生都会有所"贡献"，我们是交互的，是活在关系里的。对这句话的体验会不断地被幸福日志的记录完美地印证。

这样的观察对于我们处理挑战和困境是极其有帮助的。例如，在夫妻治疗中，夫妻彼此都觉得对方要对婚姻的失败负起主要的责任，然而，当我问他们是如何走到今天这一步，他们往往都会陷入沉思。我会帮助伴侣去回顾他们的婚姻历史，这个回顾的过程，每一次都会帮助我的来访者看到，原来，自己在其中"贡献"巨大。

所以，看到关系的交互，看到情境的作用，会帮助我们跳脱出小我的局限，从更大更宽广的视角来审视我们的生活，获得一个弥足珍贵的"系统观"的视角，这会帮助我们更好地面对困难和挑战。

这是幸福日志带给我的极好训练，没有想到，不仅在生活中对我有很大的帮助，也给了我很好的资源来帮助我的学员和来访者。

- **允许的力量**

允许的力量也会在不断的记录幸福日志中自然而然地生发出来。这个部分，在我做了母亲之后更是受益匪浅。我不是一个纠缠孩子的母亲，我们相互独立，我能发现孩子的美好，并尊重我们的界限，我有了一个更大的力量，那就是允许。

我允许我的孩子通过自由的探索获得身体上的独立，我允许我的孩子通过没有干扰的独立工作获得思想上的独立，我也允许我的孩子通过自由的选择获得意志上的独立。

　　因为我深刻地了解，当我被滋养的时候，这三层的允许从来都在。

　　"就这样允许吧！"我想起之前老师让我们寻找一句可以深深滋养我们自己的话，经过寻找和体验，"就这样允许吧！"这句话自然而然就跳进了我的心里。

在他人层面，"爱你如你所是"

> 我唯一要做的，就是
> 全然地允许，
> 全然地经历，
> 全然地体验，
> 全然地享受。
> 看，只是看。
> 允许一切如其所是。
>
> ——登巴才仁仁波切

• 身份角色的转变

　　有了孩子之后，除了我们自己的身份角色会发生改变，其余家庭成员的身份也会因为孩子的降临发生改变，随之，我们和其余家人之间的交集会增加育儿这个共同的部分。

身份对应着角色期待，这意味着，我们和其余家人的角色期待也发生了相应的改变。

如果刻舟求剑，可能就会听到这样的怨言："以前都叫人家小甜甜，现在却只叫人娃他娘了。以前都说'我的眼中只有你'，现在却是'众里寻她千百度'。"

下面，我希望可以从角色期待的角度，通过实践分享帮助大家在角色身份的转变中保持合理的个人边界，并继续关注最核心的关系：夫妻关系。

- **实践分享：婆婆不是妈，丈母娘不是娘**

女性朋友们，尤其是已婚已育的女性朋友们相聚的时候，吐槽的槽点基本会集中在老公、婆婆身上。比较高频的吐槽点是怀孕和坐月子以及共同养育孩子的过程。

比如怀孕的时候，亲妈关注的焦点是女儿的身体，婆婆关注的焦点似乎只是腹中的胎儿。月子里，亲妈嘘寒问暖，关心的是女儿身体的恢复情况，婆婆关心的似乎只是孙子是否健康安全。更有甚者，个别女性因为生了女儿，被婆婆要求离婚。或者婆婆对丈夫的事情事无巨细全都操持，自己感觉像是婆婆和丈夫之间的第三者。或者是丈夫回到家就只会窝在沙发上刷手机，什么事都得使唤着做，求着做，还很不耐烦，时间久了，丈夫在家里简直就像一个多余的人。

男性朋友们，大多不吐槽，但是喜欢加班和出差，偶尔吐槽的，和女性朋友们的槽点很不同，他们的槽点大多在夫妻养育的分歧上，又苦于孩子在年龄幼小的时候更依恋妈妈，他们在家一做不了养育的主，二又笨手笨脚被老婆和丈母娘歧视，算了，那就眼不见为净，多出差，多加班，回家就刷手机，"反正你们也不需要我，还嫌弃我，那我就乐享一个人的快活吧"。

一个很普遍的现象是，现在有孩子的家庭大多都有老人住家或者住在附近，小家庭和老人的关系十分紧密。隔代养育是很普遍的现象，因此婆媳关系或者翁婿关系就是槽点比较多的地方。

然而，不论婆媳之间还是翁婿之间的关系有多么不适，这份关系存在的基础都是夫妻两个人的爱，以及夫妻两个人背后的原生家庭对他们的爱。如果我们可以找到一些角度和切入点来整合家庭成员彼此的期待和关系，让爱在家庭中更好地流动，一定可以帮助一家人更为舒适地彼此相爱，这也一定能为孩子提供一个成长的沃土。

几年前我看过陆毅夫妇的采访。他们夫妻作为那一年中国好家庭的形象大使而被《心理月刊》采访。鲍蕾的一席话让我印象十分深刻，大意是说"婆婆不是妈，丈母娘不是娘。内心对对方需要有合适的期待，那样对关系才会有好的帮助。"

在和他人的对接中，我们对接的其实是内心的角色。我是女儿，你是亲妈，所以我可以撒撒娇、赖赖床；我是媳妇，你是婆婆，所以丈夫的衣服我得洗给你看看，我是可以照顾好你儿子的。

有意思的是，交往的模式中最没有弹性的也是角色。我们内心里在关系中定义的角色，会决定我们和他人之间的距离亲疏、行为表达与环境创造。这个部分在人际交流中往往缺乏弹性，那些年复一年的争吵或者摁了葫芦起了瓢冒出来的各种"化了妆"的问题，可能大都来自关系中两个人固着的内在身份和角色期待。

- **我们都活在关系里**

　　母女关系中，女儿和妈妈的角色在长久的相处中有了基本的模式，比如真实的女儿和真实的妈妈，或者错位的关系，比如女儿成了妈妈的照顾者，成为心理意义上的妈妈。不论哪种角色，我们在早已习惯的相处模式（角色）里，对自己亲妈的期待是可预见的，因此也就没有了额外的期待。我知道亲妈来的时候，早上会起来给我做早饭，而且都是我爱吃的；我也知道亲妈身体不好，可能速度太快的活动会让她不舒服；我还知道亲妈就算吃糠也不会喊苦，就算受了委屈也不会抱怨；我可能会内疚，但是我知道那会过去，我可能并不需要去处理和她之间的关系，以及因此产生的问题。

　　婆婆就不同了，她是我和另外一个男人相亲相爱之后才出现的人，前面那么多年我们并没有真实地相处过。如果我们把对妈妈的期待放在婆婆身上，这对婆婆是不公平的。

　　我们怎么能对一个刚刚熟悉起来的人要求那么多呢？婆婆和媳妇刚开始算是陌生人，却要在短时间里拉到同一个屋檐下朝夕相处，确实是非常有挑战的。丈夫又是婆婆的心头肉，他的身上多多少少都有婆婆的影子，以此及彼，婆婆还真有点儿最熟悉的陌生人的感觉呢。

　　其实想一想，当我们内心是以刚认识的陌生人的角色去和对方交流的时候，当我们"人生若只如初见"的时候，那份尊重是否会多一些呢？

　　可现实的情况往往不是这样的。仗着对丈夫的了解，对丈夫的爱，我们自然会在最初爱屋及乌一些，总想快速拉近和婆婆的心理距离，而恰恰过于迅猛地拉近距离可能会让我们少了一些好奇，少了一些探索。我们看到的可能只是对方呈现出来的行为，内心里很难腾出空间去思考对方的角色和对方对我们的期待是什么。我们可能会忽略自己在这份关系中的作用。如果此时我们再和丈夫闹点儿小别扭，自然而然的想法就是这个男人就是那个女人养出来的！噢，一棒子挥过去，内伤不轻的。

在女婿和丈母娘的相处中，也是同样的道理。

我们在关系里和对方相处的时候，内心的角色大多数时候都是潜意识选择的。谁会在交流开始的时候跟对方说："嗨，我现在是用女儿的身份在和你交流哦！"很多时候都是当交流有了障碍，并不清楚原因，并且类似的冲突一再出现在生活里的时候，我们才会在痛苦中思考："在刚才的交往里，我的角色是什么？我为什么会有这样的行为？在什么环境和情境里我会这样？"

而这个思考大多只会发生在对自己保持觉知的人身上，更多的时候，大家带着不愉快，压抑着愤怒，继续留在关系里撕扯和纠缠，从而让关系进入恶性循环。

当我们在关系中遇到困难的时候，不妨停下来去思考一下角色和期待，看到关系是两个人互动的结果。记得一个巴掌拍不响的道理，这将有助于我们得到一个观察的空间，从而做出不一样的反应，进而改变两个人的互动模式，并进入到一个新的空间里，开启良性循环。

婆婆和丈母娘是哺育了我们至亲至爱伴侣的人，内心生出一份感激，拉开一些距离，那份"不带敌意的坚持，不带诱惑的深情"会款款而来。被尊重的、不被评价的关系中的另一方也会自动调适到与我们对接的角色上去。

说到底，身份其实还是边界的问题。当我们对伴侣的父母有颇多评价的时候,常常是在提醒我们,那其实是我们未曾接纳的伴侣身上的"问题"。对伴侣的接纳越多,对伴侣越不过多评价,心中的那份好奇可能才会更多地升起来,婆婆和丈母娘也就可能变得慈祥可爱了很多。

• 以爱而非孩子联结

一个拥有儿童的家庭,成员突然增多,往往是因为孩子而聚到一起生活,大家就不自觉地习惯了以孩子来联结彼此,而不是以最初的爱来彼此联结。

夫妻之间、老人和儿女之间谈话的内容,九成以上都是孩子。孩子成了我们联结彼此的工具。一个有意思的数据显示,离婚率颇高的一个人生阶段就发生在孩子高考之后。为什么呢?其中一个很重要的原因就是夫妻再也不用拿孩子的学习来联结彼此了。

对孩子来说,如果他感觉到自己成了大人的情感纽带,其实是一份巨大的压力:"你们好不好,由我说了算"。可大人们之间的情感是大人们的事,孩子是承受不了的。除了时代的原因,我们也越来越多地遇到不愿意上学、不愿意毕业、不愿意工作的孩子,他们用自己的"不愿离家"继续承担了父母之间的"共同话题",因为唯有如此,父母才会在一起,才会做一件共同的事。哪怕牺牲自己的发展和前途,孩子也愿意忠诚于家庭。

在与他人的关系层面,我说"爱你如你所是"。首要的就是要像看见自己那样,学习去看见他人。

联结始于关注,亲密源于看见。对家庭里的其他人保持好奇,真实地去看见他们本来的样子,这对彼此之间的关系将大有帮助。

结合埃里克森的发展理论，我们可以使用结构式生命回顾的方法去好奇身边的人，用类似采访的回顾提纲去看到他们的生命发展脉络，也可以用这个方法来采访自己，增加对自己的理解。这样，我们会在关系中更多地看到"他本来的样子"，也会对对方生出更多的了解，而不是急于去改变对方，进而做到"爱你如你所是"。

● 实践分享：陪伴老人（上）——生命有四季，爱你如你所是

"无常的生命自然就会这样向前走去，珍惜每个时刻和父母的缘分。爱你，如你所是！"

母亲每隔几天都会去家附近的一个早市买菜，每次回来都会对着正在看书或者忙碌的我细数每样菜的价格，早市是多少钱一斤，家门口的平价超市是多少钱一斤，公园门口是多少钱一斤，而大型连锁超市可能是多少钱一斤！一样菜包括价格、比价、斤两，她都会一一细说一遍。这个时候我通常会停下来，听她讲完，常常一个小时就这样过去了。

有一次母亲买完菜，忘了拿回一包两块钱的辣椒，对此念念不忘。我怕她单独前往会受小贩挤兑，就提议午饭后陪她去取一趟。我才知道母亲每次买菜会看时间，单程大约19分钟。我与她慢慢走着，一路聊天，来回居然用了50多分钟。在这样的特殊时光里，我认真地听她说家长里短，顺道解决了她的一个小疑惑，她表示很开心，我也非常享受与母亲这样生活化的相处方式。自然，早市在午饭后就关闭了，我们没有拿回那包辣椒。母亲在家里依然感觉很可惜，我听她说完，鼓励她第二天再去试试。第二天母亲起了个早，又走了很远的路，居然取回了那一包辣椒。小贩认得她，帮她留了起来！

母亲来京后,牙齿不舒服,决定重新做牙。在两个诊所间来回比价,一个做上牙床,一个做下牙床,一共节约近 300 元。原来下牙床本还可以凑合,她只做了必须做的上牙床,在三姐的鼓励和我的陪伴下,她还是决定把下牙床也更换了。她坚决不让我们出钱,我也从了她。

母亲接到好消息,单位补发一年的涨幅工资,接近 5500 元。她开心得像小孩一样,立即想到的就是请我们一家吃饭!于是我们很开心地开始计划,多好啊!人到中年,居然还有老妈请吃饭呢!

母亲是我儿子心中最爱的外婆,来了才几天,我儿子遇到所有好事情都是会带上外婆的。我已经不像初做人母时那么矫情,常常干涉母亲养育我儿子的方式。现在大多数时候我都在一旁看他们祖孙享受天伦之乐。我儿子真幸福,能如此享受多层次多维度的爱。

母亲来北京快一个月了,困扰她多年的皮肤病没有在北京日渐寒冷的气候和大风里复发,脸部光泽而有弹性,我忍不住抱着她亲了又亲,大大表扬她:"妈妈,你好美哦!"

母亲在过去十个月里不断走高的血糖值也开始回落到正常水平。我又忍不住表扬她:"你好能干呀,把自己照顾得这么好!"

每天我都能看见母亲的笑容,最近整牙,上下齿洞大开。她每次笑,我都笑她"缺牙巴",并一起和她大笑。笑是传染的,家人也跟着开心大笑。我们之间的拥抱和亲吻越来越多,每次见她在厨房忙碌,给我做好吃的,都特别感动。她也十分尊重我们小家庭的界限,不论大事小事,她都懂得退后一步,给我空间,为此,我也十分感激。

与母亲过马路，我伸手出来，她会把温暖的手放在我的手心，让我牵过马路，手自然放开。她说"我可以自己走了"。于是我们就肩并肩一起往前走去。这让我想起父亲，那时他已被确诊罹患腹部动脉瘤，随时会有生命危险。有一天，我和父亲过马路，我不由自主地想挽着父亲过马路。结果，就在马路边，被他训斥了一顿。父亲说："我可以自己走，我没有痴呆，没有不能自理，我不需要你这样照顾！"

　　那一顿训斥让我脑洞大开，似乎找到了和父母相处的窍门。从那以后，我尽量去"麻烦"他们做他们力所能及和喜欢做的事情。虽然很多事情在习惯了快节奏的我的眼里，是非常消磨时光，甚至是没有效率的。比如，我父亲喜欢冲印出每张照片，并在照片背面写上拍摄的地点、时间，这个时间因为电子相片的普及而需要精确到秒，还需要写上照片在这个拍摄过程中的编码顺序以及拍摄者。他在北京和我们生活的那段时间里，我晚上的一部分工作就是给照片排序，使用软件把时间、地点、拍摄者这些信息加注在相片上，并在完成之后冲印出来，再交给父亲。他就会在上午温暖的阳光里，坐在书桌前，一张张开始入册，乐此不疲！

　　我还记得，某天清晨，他叫我去他的房间。他戴着母亲亲手为他编织的灰色鸭舌帽，穿着母亲陪他买的黑色夹层夹克大衣。坐在窗前，一楼的阳光打在他的右侧脸，温暖地穿过他的眼睛。那个时候，我突然发现父亲的眼睛在阳光里居然是浑浊的，脸上也有了老年斑，耳后有了轮纹。我第一次觉得父亲是如此衰老！第一次在那样温暖明媚的清晨，我突然感知到了父亲将要离我而去的恐惧。在那之后，我尽力满足父亲所有的要求，接纳他偶尔的孩子气。然而，这仍留不住生命流逝的步伐。那份恐惧，即便在今天，当我写到这里，还是重重地袭击着我。

那年十月是多事之秋，婆婆国庆期间突发脑梗，我们回西安看望刚脱离危险的她。我走进病房，她正躺在床上，日光灯下的她，脸色灰白，头发乱糟糟的。我的眼泪一下子就开始往外冲，赶紧低头装作去拦阻已经开始乱动病床的儿子。那么精力旺盛、爱美、爱干净的婆婆，躺在那里，不能动弹，眼神空洞地看着电视！这真是让我心酸、揪心和害怕啊！

我记得婆婆每天都喜欢梳头，每次会梳头 15 分钟左右。第二天，我带了梳子，细细地给她梳头，掉了好多好多头发下来。看上去她应该很久没有梳头了。她在那个时候看上去很安宁，很享受，没有阻拦我。我一开始还担心她会拒绝我的照顾。第三天，我和先生一起给她梳头，她开始慢慢和我们说话。

过几天她出院回家，听大姑子说她心情看上去很不好。是啊，如果是我，我也会很不开心。利索了 81 年的女人，一下子需要别人的照顾，该会多么难过！更何况照顾自己的还是行动不便的女儿。那份内疚、困难、恐惧、伤心，隔着电话都能感觉得到。更何况每日在身边的亲人呢？

归纳总结一下，关于陪伴老人，我们做子女的大概有这几个原则：

1. 接受父母的衰老

我想我们能做的，就是去接受，接受老人现在身体确实衰老了，这是一个逐步丧失的过程，也是未来我们可以慢慢告别的路。

老人的衰老可能是身体上的，也可能是精神上的。他们慢慢地，慢慢地不再是儿女记忆里那强壮的天和地，他们会慢慢地失去很多"功能"。我们要接受这部分失去，承认它的存在。这也是生命的规律。

生命有四季，时时皆花季。我们学习接受，然后祝福。也许，一个比较好的做法是去结构式回顾老人的生命历程，那应该是所有老人都会比较喜欢的话题。

回顾自己的生命经验，既能寻找到救助自己的力量，也能给儿女无意间留下一笔极大的精神财富。我们可以去尝试问一些问题，引导老人去回顾生命，这也是一个告别的过程。过去将牵引我们到现在和未来，那些未被述说的故事会蕴藏极大的力量。

2. 处理我们自身的恐惧和焦虑

我们还能做的，是去面对我们作为儿女心中的恐惧，去处理我们自身的焦虑。

失去父母是我们一出生就会面临的课题。生死之间，遵循着自然规律。人生无常，生命之河自然向前奔腾。过好当下的每分每秒，带着祝福去陪伴。在兄弟姐妹中学习表达我们的恐惧，大家相互支持，相互开解，相互接受。这会形成足够的力量去支持老人勇敢面对自己的衰弱和衰老，也能坦然接受儿女的照顾。

3. 爱你，如你所是

再者，我们要相信老人依然拥有自己的力量。不把他们当作小孩子，或重病的患者来对待。我们做好儿女的角色，不去抢夺他们自己生命里的任务和角色。不为他们做主，全然地尊重他们的独立意志。提供日常的生活照应，提供该有的护理和照顾，多多确认他们的需要，不确定的时候，更需要多多确认。如果有可能也有技巧，帮助他们表达他们可能会有的恐惧、难过和不愿意麻烦他人的意念。帮助他们知道，无论他们怎样，强壮还是衰老，我们都会爱他们，都会陪伴他们，是他们永远不离不弃的亲人。

这其中最难的部分，可能还是看着父母日渐衰弱，担心他们随时会离去的恐惧。这份恐惧可能会驱使我们额外去做很多事，可能会越俎代庖，替代了父母的生命使命，最后变成我们和父母生命的纠缠，无法放手，无法分离，以至于最后伤痕累累。

无常的生命自然就会这样向前走去，珍惜每个时刻和父母的缘分。爱你，如你所是！

这里推荐《西藏生死书》《直视骄阳》给家有高堂、曾经或正在面临生离死别的朋友们。

- **实践分享：陪伴老人（下）——生命有节奏，结构式的生命回顾**

"回顾过去是对今后很好的馈赠。老人在回顾生命的过程里，通常可以寻找到自己活下来的力量，看见自己是生命的主人这一无比顽强的事实。"

2008 年，心理月刊的一期卷宗——《接受我们的父母》启发了我，我开始走上与父母的和解之路。

1996 年我离家求学，每次回家必然有一件事是期待并去做的，那就是盘腿与父亲聊天。那个时候家里有一只虎皮猫，冬天的时候，它会盘踞在父亲的腿上，慢悠悠地听我们聊天。夏天的时候，它会卧在父亲的书桌上，享受电风扇的习习微风，陪伴我们聊天。可爱的母亲则会在床上假寐，时不时参与进来捣乱。每次的聊天都从父亲打完麻将回家，倒上小酒，盛上花生米开始，通常是夜里 10 点，每次聊天都以母亲的催促结束。即便这样，通常也是凌晨两三点才会结束。大学时期，刚开始每周回一次家，慢慢每月回一次家。工作以后，基本保持每月回家一次的频率。我们的聊天就以这样的频率进行着。

2006年我来到北京生活，和父亲的聊天变得稀少，常常电话沟通。从最开始父亲的三段式问候："在哪儿？有什么事？再见！"到后来我们可以煲电话粥一个多小时，其间经历种种，很是不易。父亲一开始非常排斥煲电话粥，觉得那是女人才会做的事情，他总觉得不但与自己不相称，还劳民伤财，应该有事说事！

所以第一次我们打电话超过一小时，父亲发来短信说要纪念一下，这是他第一次打那么长时间电话。估计那个时候他也觉得惊奇，怎么没讲什么正事儿，时间就溜掉一个多小时了呢？

2008年，当我读到《接受我们的父母》，也开始去上一些有关原生家庭的工作坊，开始了解并学习在日常生活里去看见自己的模式，去看见那些模式是如何被父母打下了烙印。于是，我和父母的聊天开始变得不同。原来我在不自知的情况下，使用了系统的阶段式回顾的方式去和他们聊天，我不禁暗自庆幸，在父亲还在世的时候，我已经大部分地完成了这个过程。

每个人都有自己的生命周期，埃里克森在1959年发表的《身体与生命周期》中，描述了一个人生命发展的8个阶段：

婴儿期（0~1.5岁）

儿童期（1.5~3岁）

学前期（3~6岁）

学龄期（6~12岁）

> 青春期（12~18 岁）
>
> 成年早期（18~25 岁）
>
> 成年期（25~65 岁）
>
> 成熟期（65 岁以上）

针对这几个时期的提问和对答让我对父母有了更多更深入的了解。

比如父母的梦想，父母的初恋，我们四个孩子给他们生活带来的变化；比如父母是如何在恶劣的生存环境里挣扎着活下来的，是什么样的力量帮助父母养活了一大家人；比如爷爷奶奶、外公外婆、叔姑舅舅们是如何在父母的早期生命中呈现的，他们现在的关系如何，等等。每每聊及这些，我都对父母多了一层了解，也更爱他们。我们彼此之间的了解也就在聊天的过程中自然发生，爱也自然而然地流动起来。

一个特别感动的事情就是在2008年我回家探亲时，我和父亲完成了拥抱的仪式。临行前，父亲主动上前与我拥抱。这份记忆在后来的生活里给了我极大的力量。

在儿子出生之后，父母与我重新一起生活。每天生活在同一个屋檐下，聊天的机会大大增加。也让成长之后的我有许多机会去观察父母的互动模式，在这个过程里，我对父母的关系有了新鲜的理解，终于退出与母亲的联盟，回到女儿的位置上来。当我回到女儿的位置上时，我发现原来我也会撒娇，也会作小女儿态。身上的女性能量开始喷薄而出，越来越美好。我对自己的觉察力也得到了非常大的提升，在陪伴自己和他人的过程里，更能自处。这些都是与父母更多聊天，更多相处，生命和解之后给予我的馈赠。

这份馈赠反过来也帮到了我的母亲。我记得不断追问母亲年轻时候的梦想时，她的答案是多看看，多走走。于是我们的家庭时光就是带母亲出去吃各式各样的美食，或者带她出去旅行。她每次出游都很快乐，我也很知足。

2012年春天，父亲突然离世，母亲未能在他身边，一直自责内疚。2013年春天，我们带母亲去杭州散心，哄睡孩子已经晚上23:00，我去母亲房间找她聊天到凌晨1:00多。两个多小时的时间里，我帮助母亲回顾了她的童年，与外公的关系，与父亲的婚姻。帮助母亲在这些重要的阶段和关系里寻找她自己的力量。后来，母亲伏在我的肩头，号啕大哭。第二天她起床很早，卸下心理重担的母亲笑嘻嘻地跟我说："怎么只睡了这么点儿时间，反而不困，心情还很舒畅呢？"

之后的每一天，我看着母亲慢慢呈现出她原来的样子，一点点开心快乐起来，看着她将对父亲的怀念和爱化作更好地照顾自己、活出自己的力量。这代表着她相信父亲会祝福她，代表着她寻找到了自己活下去并且活得更好的力量。

母亲的生命很鲜活，去年春节，姐姐们带母亲环游东南亚，70岁的母亲居然学会了浮潜，还自告奋勇教团里的其他老人。夏天的时候，母亲开始用微信和我们沟通，与我们视频。我写的文章，她在客厅悄悄看完，不忘记给我点一个赞！她开始舍得为自己花钱，来北京之后，大手笔花掉四千多块去修整牙齿，她说要提升自己生活的幸福感！要知道，这是一位为了给一斤白菜省5毛钱而来回走38分钟的老太太啊！

母亲还会很自如地提醒我，我忘记给她预存新年红包了。在之前的几年，她必定是扭扭捏捏绕着弯子来提意见的。她越来越能够在我面前自如地表达她真实的想法，提出她自己的要求！每次她直白告诉我她的想法时，我都会马上给予她积极热烈的反馈，感谢她帮助我快速地了解了她，不用消耗精力去配合她。

母亲来小区没两天，已经有邻居老太太送她花盆，家里多了很多花草，后来还播种了白菜。早市小贩为她保留了忘记拿走的菜，小区晚上 22:00 档的广场舞也接纳了她。她每天健走 15 000 步，还不忘给我演示刚学会的广场操！

这些美好的品质，在很早以前我都是看不到，甚至是没有动力去了解的。我很感谢母亲用她美好积极的生命抱持了我，给我无尽折腾的空间。当我愿意去了解，去跟随和陪伴的时候，我们之间的关系自然就和解了。

我不由得要感谢过去那些零零碎碎的向父母提问的时光，它给了我一个和过去多么不同的现在啊！

之前我参加中德班的家庭治疗晚间学习，来自德国的系统家庭治疗大师给出了系统地陪伴老人进行结构式生命回顾的提问索引，在此分享给大家，希望可以为大家陪伴老人的时候提供更多的灵感，能够让我们和老人直接发生联结，而不是通过孩子，从而恢复我们和父母之间爱的流动，进而帮助我们更好地接纳自己，接纳父母。

童年早期

你最早的记忆是什么事件？

请谈谈你的父母。

崇拜是你成长中的一部分吗？

请谈谈你儿时最好的朋友。

家庭和家

你的家是什么样子的？

你小时候有不愉快的经历吗？

你是如何庆祝假日/生日的？

你要做家务活或承担其他责任吗？

青春期

青春期对你最重要的人是谁？为什么？

你是一个团体的成员吗？

你想成为什么样的人？

你喜欢青春期的自己吗？

成年早期

你结婚了吗？你是如何找到自己的配偶的？你养育过孩子吗？

你追求的事业是怎样的？

你参与过社团的活动吗？

成年后期

你最重要的关系是什么？

你最大的成就是什么？

你碰到过哪些困难?

你觉得自己是一个有灵性生活的人吗?

灵性生活

在你还是儿童时,谁会给你讲神的故事?

你长大后觉得神存在吗?

你在生活中如何感受神的恩典?

你想给别人传递什么灵性的智慧?

总结

你想过什么样的生活?

你生活中最满意的部分是什么?

你生活中最满意的时刻是什么?

关于你的人生,你还想补充点什么?

当我们和老人相处的时候,这些问题都可以非常轻松地打开他们的话匣子。相信我,他们在时间长河里的结构式生命回顾,对我们的现在和将来都会是巨大的馈赠,更重要的是,老人在回顾生命的过程里,通常可以寻找到自己活下去的力量,看见"他们自己才是自己生命的主人"这一无比顽强的事实,进而可以脱离对孩子的控制和抓取,从内在获得一次主动和孩子分离的机会。而采访他们的我们,也将获得更多的自由,不必为父母的生命背负责任,也能在内心划清边界,告别父母,安心地为自己的生命和小家负责。

在情境层面，"我做主，我选择，我负责"

成为母亲，在与自我、他人层面的关系互动之外，还有情境层面需要考虑的部分。前文提到有两个大环境需要我们关注：一是代际传承形成的养育环境，一是时代"三多一快"的客观环境。很多人说现在是比较焦虑的时代，人在其中被裹挟前行。我想说的是，对于无法改变的部分，就去接受，这是我们内在的主动选择，我归纳为九个字——"我做主、我选择、我负责"。

这九个字不仅适用于情境层面，也非常适合于自我、他人的关系构建层面，在这里我分享一篇实践记录，作为第一章的结语。

- **实践分享：我在儿子家长会上的育儿经验分享**

儿子就读的幼儿园邀请我在家长会上做一个育儿经验的分享。20分钟的时间里，我主要分享了五个方面的内容，其中每个版块都有很多细微的技巧或者态度，供大家参考。

"我是世上最好的妈妈"——妈妈的自我态度

不追求去做一个完美的妈妈，我们也依然会是儿子眼里"世上最好的妈妈"，也会是自己心里"足够好的母亲"。

在心里接受自己不会也不可能成为一个完美的妈妈，我用了近一年的时间。从孩子初生时的小心翼翼到现在的粗放型养育，虽然走了很多弯路，却收获了很好的自我认知。我明显地从一个追求完美的职场达人变成了儿子眼里常常温柔、偶尔抓狂的真实母亲，这个过程让我放下了心中的焦虑，更为我开拓了一个可以控制节奏让自

第一章
接受新身份，
做滋养自己的好朋友

己成长的空间，在这个为自己营造的空间里，我感觉安全，并很有力量。因为我不用满足他人的期待，我接纳自己的不完美，我允许自己犯错。

这样的认知既让我在面对儿子的时候变得谦卑、好奇，也让我在做母亲的时候觉得自信而不再自责和内疚。

"我值得拥有"——妈妈的自我成长

一个新生儿的到来会让 6 + 1 模式的家庭关系转变为空前的高互动状态，新妈妈和新爸爸通常是所有家庭关系的核心。

一个内心没有光和爱的人，是无法让周围的世界明亮起来、充满爱的流动的。在家庭、职场的多重关系里，我也曾经历过陀螺一般的忙碌，体验过深深的孤独和绝望。直到我有意识地给自己留出空间和时间照顾自己之后，才发现周围的关系顺畅了，自己更有活力也更有精力去处理家里的大小事务并照顾好自己的成长，能更好地去做人生里平衡的功课。

还有一个很关键的事情就是照顾好自己的身体，每天留出时间给自己锻炼身体，那是精力的来源。没有精力是无法好好陪伴精力充沛宛如永动机一样的小朋友的，更无法享受育儿之外曾经属于我们的美妙时光。我现在每天在送孩子入园之后健走 8000 步左右，加上接园后近两个半小时的户外陪玩，这两项活动都非常滋养我的身体，给了我充沛的精力。

照顾自己也是多方面的，除了身体，还有情绪、思想和精神层面的照顾。大家可以参考哈佛商业评论著名的文章《管理你的能量，而非时间》（Manage your energy, not your time），去看看属于自己更多的可能性。

照顾自己的一个心理基础是敢于为自己付出，要发自内心地给自己值得拥有的美好时光、值得花出去的金钱和时间。**"我值得，我有资格，我有能力照顾好自己"的三部曲，每一步都要踏实。**

比如，每周空出一天或者一两个晚上是自己可以休息的，启动身边的支持系统，把孩子交托出去（我家会有 Gentlemen Day/Night，我就能去学习，或者做其他我喜欢的事情。遇到时间冲突，我也能很放心地交托阿姨代管）。比如，给自己办一张美容卡，让自己的疲劳可以得到抚慰；比如，安排一个 Lady's Night，和朋友们聊聊天，褪去母亲的角色，就去做一个女人或者女孩儿；比如，每个季度给自己一次独自旅行的时间，或者借着出差的机会游山玩水。相信每个人的方法会有很多，走出去，让滋养我们的事情给自己的身心充电。

可能会有人说"我放不下孩子，我会很焦虑"。是的，刚开始的时候我也会这样，现在偶尔也会。也许在爱自己的这条路上走更久一些，当内心的力量更多地涌现，那份焦虑自然而然就会被自己在家庭里感受到的安全的爱而替代，孩子也会因为我们赋予的安全的爱而不会有那么多分离焦虑。

"夫妻同心，其利断金"——夫妻关系是核心

我一直坚信亲子关系受夫妻关系的影响。在家庭里，良好的夫妻关系是核心土壤，在这样安全和谐的土壤里，孩子才会自然地长大。所以我和先生都很注意这一点，也会花时间去经营我们的关系。

比如，出了月子我们就恢复了约会，现在他工作很忙，我们每周六下午基本是自己逍遥的时光。遇到晚上有时间的交集，我们还有一

个"锦囊",是年初的时候我们写下来的期待和对方一起做的事情,还有"免死金牌",当我们惹到对方盛怒的时候,可以请求对方赐一张"免死金牌"。今年,我只用了一张"免死金牌",还是先生大度,没有和我计较。再比如,我们不当着孩子的面争吵,有分歧时,也让孩子看到爸爸妈妈是如何健康地处理情绪和冲突的。

我们的和谐,孩子可以看得到,如果你问他,妈妈最爱的人是谁,他会告诉你是爸爸!爸爸最爱的人是谁?他会告诉你是妈妈。爸爸妈妈最爱的宝宝是谁?他一定会告诉你是他自己。

孩子通过我们来学习爱和边界,这会为他未来青春期的分化打好基础。孩子与我们的缘分其实就那么多年,他有自己的路要走。陪伴我们终老的是枕边人,好好经营,用心对待,他将会是我们最好的人生盟友。

"举全村之力"——系统式整合所有家庭资源

我和老公的原生家庭都是很大的家族,我们都是家里最小的孩子,儿子的出生牵动了所有长辈和亲朋的心,育儿的声音非常多。非常幸运的是,从我备孕开始,我们就分别去和家人了解我们是如何被父母养育得这么成功的,借着这个机会,我们开启了与父母的和解之门,从而修复了和父母的关系,那个曾经受伤的内在小孩也得到了极大的疗愈。同时,也因此而"教育"了父母,让他们和我们有比较一致的育儿观,也建立了沟通的良好机制。

孩子出生以后,我们夫妻俩对外的声音永远是一致的,哪怕我们窝里斗也会有一个统一的方案出来。这给我们带来了极大的便利,尤其在面对长辈的时候,我们的幸福一致和谐,让他们很放心,也很放手,甚至自然而然就都听我们的了。

人们常常说"养儿方知父母恩",我在出月子的时候才顿悟到我的父母扒心扒肝、掏心掏肺、离乡背井来帮助我照顾家庭,不是冲着我的儿子来的,是冲着我来的。我是他们心疼关爱的女儿啊。当我之后再看到父母苛责,首先感受到的就是他们浓浓的爱,这份可以接收到的爱让我从心里开始接纳他们与我们的差异,也让自己逐渐变得平和。

我常常会不定期安排"家庭会议",就是坐下来交流,在打麻将的时候,陪看电视的时候,陪散步的时候,陪吃早饭的时候,不一而足。通过交流,我才看到父母是缺失的一代,他们的青春错过了美好的环境,一直在匮乏和恐惧中长大。而我出生在改革开放初期,我的世界是多元的、变化的、新奇的,我可以出于爱和探索去了解这个世界。我们对爱的理解和表达方式的传承以及我在传承中发展出来的自我,应该是我们最根本的冲突。而当我开始"看见"这种冲突背后的差异,内心的理解、不评判的态度自然就流动了起来,我们的子亲关系也在接纳中重生。

"家有一老,胜过一宝。"珍惜这恩赐,让我们的孩子得以享受人世间不同于爸爸妈妈的祖辈之爱,其实是非常幸福的。

"我做主,我选择,我负责"——尊重孩子与生俱来的灵性

整合好了家庭的关系和资源,育儿其实是顺其自然的事情,我们的挑战可能就是需要紧紧跟随孩子成长的脚步不断去成长。

在对儿子的养育上,指导我们育儿行为的准则就是"我做主、我选择、我负责",因为我们相信他具备与生俱来的灵性,并且他在灵性上是高于我们的,我们需要做的只是跟随和支持。

儿子也给了我们巨大的信心,当我们相信他、悦纳他并允许他时,他回馈给我们的远远超出我们的预期。可以说,我们每天都被他滋养着,感觉他真的是上天的恩赐。我在与他互动的过程中,获得的最大成长就是真的理解了什么是悦纳,什么是尊重,什么是好奇,什么是陪伴。

记得儿子刚出生的时候,他的二伯对我们说:"恭喜你们,万里长征路,你们的脚后跟才刚抬起来!"我对这句话的印象十分深刻,现在回想起来,尤其觉得在育儿路上,真的需要"长路漫漫,莫忘初心"。

我与先生统一的思想大概就是这些,总结起来,关系是核心,照顾自己、爱自己是基础,这两样是育儿的土壤。所谓家庭成就孩子,说的大概就是这个吧。

感谢你阅读完第一章的所有内容,愿我们可以带着对自我身份的改变去觉知和观察,悦己乐活,进而带着这份对自己的慈悲进入到后续的内容中去,活出丰盛的自己。

第二章
打开感官，进入生活

Chapter Two

生活的目的，在于享受生活。

第一节
打开感官，感知生活

在管理学中，一个很重要的基本功就是如实如是地看到现状，然后才能谈如何去管理。也就是说，管理者需要对人与环境的现状有一个基本的认知和了解。放到自我管理中来，意味着我们要对自己目前的生活和现状有一个系统的观察，对目前的状态了解得越清楚，我们越容易知道自己适合什么，要怎么做才能让自己开心和愉悦，应该如何互动才能让自己和他人双赢。这样，技巧才会是有用的。

对现状的觉知与观察需要我们打开感官，全然地感受这个世界，进入真实的生活中去。

常有学员朋友比较着急，希望通过一两节课的学习就能改变自己的生活状态。我常常对她们说："冰冻三尺非一日之寒，解冻也是需要时间的。"如果你所感知到的问题已经存在了一段时间，那么，就更不能着急，不妨给自己一些时间，把所谓的问题放一放，先和问题保持一个距离，打开感官去感受问题，然后再来处理问题也不迟。

有意思的是，很多学员跟我反馈，当她们把问题放一放，先做打开感官的练习，那些问题居然就消失不见，不用处理了。

关于问题，我有两个理解：

1. 问题不是问题，当我们觉得它是个问题的时候才是问题。

2. 问题是通过我们想解决它的意图而得以存活和维系下来的。

这意味着，很多问题其实只是生命历程中的一部分，它有自己的发展过程，常常不需外力就能得到解决。当我们不那么看重问题本身，而是专注于发展自我时，我们在问题上的力量就会被撤走，问题也就因为得不到我们的关注，进而萎缩消失。

然而，我们常常会把很多力量和能量放在解决问题上，却忽略了对自我的感知和滋养。这个时候，我们和问题的关系就是对抗的，我们越用力，问题就越容易长大。

举个例子，几乎所有的孩子都有吃手的阶段，这是小宝宝通过活动手和嘴巴学习感知和探索世界的正常行为。有的家长觉得这是个问题，不断地阻挠孩子吃手，于是吃手就真变成了一个问题：家长将焦虑传递给孩子，导致孩子正常的发展过程被"问题"这个标签所捆绑，亲子关系中增加了一个吃手问题的能量消耗点。如果家长很执着，甚至会让孩子吃手的行为固着下来，更有甚者，迫使孩子最终发展为焦虑症或者强迫症。

如果家长可以慢一些，仔细观察孩子吃手前后的情境，看看孩子是不是正好处在探索的敏感期，不那么执着地去表达自己的反应或者一定要"纠正"孩子的"不良习惯"，通常就会发现，孩子吃手一段

第二章
打开感官，
进入生活

时间之后，他的探索兴趣会自然地发生改变，比如转换到脚丫子或者玩具上面来，因而就不会因家长解决问题的模式而真正演变成为需要心理干预的"问题"。

这便是不疾而速的道理，即问题并不是都需要立即去解决的。观察一下，想一想上面关于问题的两个理解，很多时候，我们会发现问题真的不是问题，它只是一个过程。

打开感官，从观察生活环境开始

我常常鼓励我的学员去收拾和整理屋子，这就使得她们不得不去观察自己的生活环境。

很多学员其实早就感觉到自己的生活环境比较杂乱，一直想收拾，但总是无从下手。这个时候，我就会使出杀手锏：让大家给自己的房间拍照！单单是这一个动作，通常就会启动大家整理房屋的热情并知道自己可以从哪里着手，很多人事后回看，都觉得惊奇，为什么给自己的房间拍照就能开启断舍离的工作呢？

因为拍照会让我们和习以为常的日常生活环境拉开一个观察的距离。

拍照的时候，我们需要决定拍哪里、怎么拍的问题，这就是第一次观察。拍完照之后，因为要给老师和同学看看，就会多看两眼自己刚拍好的照片，这个多看两眼就是第二次观察。当我邀请大家在拍好的照片上先寻找可以下手整理的地方时，就会启动第三次观察。然后请大家去重新整理并拍摄整理后的照片，这就启动了第四次观察，再交给老师进行反馈、交互的过程中，第五次、第六次观察也就产生了。

就这样，你生活了多年的环境只是通过拍照、整理、反馈这样几个简单的步骤，就得到了比平日多很多的"有意识的观察"。

这种"有意识的观察"会带来很奇妙的动作：暂停。而这个暂停继而会带来深入的、精微的、与心相应的观察。

很多人都没有想到，平日里无意识中感觉到的烦躁、繁乱被拍照这样一个具象化的工作呈现之后，竟然就可以发现自己或者家人不愿意回家，或者在家里总是郁闷、争吵的缘故。

这就是"有意识的观察"带来的魔力之一，它让我们的状态如实如是地呈现在自己眼前。这是我们的生活环境，是我们的家，我们确实需要好好地、深深地去感受它，试着把我们的心放进来，这样才能安住其中，继而产生安定的智慧。

对于找我做家居整理个案的来访者，我通常还会更进一步地邀请她们在拍照的地方安置一个小板凳，坐在那里好好观察，体会自己和家人在其中的活动，通过眼睛来放一场日常生活的小电影，要在仔细体会和体验之后，才开始动手整理。

我也会邀请来访者去想象自己的生活环境是一个人，想象他会对你说什么，他现在的状态如何，他希望怎么样调整等，更进一步帮助来访者去体验自己的生活空间，进而了解到生活空间对自己内在心理空间的影响。通过"眼睛小电影"的方式，可以看到物理空间对家庭成员交互关系的深刻影响。

也就是说，我们要尝试着去和我们的生活环境、和我们的家成为好朋友。

当你有了这样的觉知，训练自己"有意识的观察"生活环境之后，可以更进一步了解"精神单间"和"精神开间"的概念。这就需要你将观察从个体联结转换到家庭整体系统、爱的场域中来了。

例如，客厅是一家人共同活动的地方，这是大家的公共空间。你可以邀请家人开一个家庭会议，一起讨论客厅的规划和使用，比如大家一起来讨论，如何在一个屋檐下可以彼此交互又确保各自拥有独立的空间，开放式地讨论每一个人对自己空间的需要以及如何在客厅展现交互的功能。这样可以帮助我们更好地从物理空间进入到心理空间，而心理空间和物理空间本来就是相互影响、彼此依存的。

"有意识的观察"这个工作可以帮助我们从大脑的思考过渡到手的实现，从而慢慢实现心手相应、知行合一、内外一致的状态，而相应、合一的状态可以减少人的内在冲突，获得更为真实强烈的幸福感。

这个观察也能帮助我们将"进入生活"这样抽象的口号，变成可以操作的具体工作，一旦开启它，你就会喜欢得停不下来，生活也会真正地向你敞开怀抱。你将会在主动而有意识的观察中，将生活中的无明提升到分明的状态，将日常生活中大量"不得不"的被动选择转换为"我做主、我选择、我负责"的主动选择。

说到这里，我想推荐日本作者近藤麻理惠女士写的《怦然心动的人生整理魔法》一书，希望在"有意识的观察"之后，给大家提供整理方面的支持。

通过好好做手中的事增加感官的敏感度

《心经》里说到的"眼耳鼻舌身意"，是对我们感官的高度概括。"有意识的观察"除了前面提到的要用眼、用心（意）之外，还可以调用其余的感官参与到观察的过程中来。

我们为什么要训练感官的敏感度呢？

首先，每个感官的打开和训练都能带来生活美感的促进与生活质量的提升。你会看见、听见、闻见、尝到、触摸到、感受到更多细微的美好，生活中的"小确幸"会大大增加。

其次，感官敏感度的增强，可以让个体和环境发生更为精微的关联，在关系中产生更多的觉知。保持"主动而有意识的观察"又能让个体仿佛在一个更高的维度空间里，敏感地看到又不至于卷入其中，观察让我们与现实生活保持了这个距离。

而最终，这可以增强一个人"看见"的能力。

那么，我们如何训练感官的敏感度呢？

"看见"的能力增强之后，我们对世界可能性的认知会大大拓宽，也就将不再那么容易大惊小怪，看见得越多，越知道世界是千变万化的。这样，接纳进而悦纳的能力也就能自然生发。在不断悦纳的过程中，个体和自己、和他人、和万物关系的弹性就会增强，和谐相处的机会大大增多，愉悦感、幸福感自然也将大大增加。

在琐碎的生活中，如何通过"主动而有意识的观察"来训练和打开自己的感官呢？一个非常有效的工作就是"好好做家务"，这也是我给参加自我管理课程和工作坊学员的核心家庭作业之一。

我有一个学员做全职妈妈很多年，来到我的课堂，抱怨自己每天洗衣打扫，很是琐碎、辛苦，先生也不怎么帮忙，她希望有所改变。下面是我和她的对话：

> 我：现在有人可以替代你去做家务吗？
>
> 她：没有。先生上班，孩子上学，大部分的家务都得我来做。
>
> 我：你打算请阿姨或者老人帮忙吗？
>
> 她：不打算，这些事都是我要去做的。
>
> 我：好，那看来这是你必须完成的工作。我想邀请你从这么多的家务中只挑一样工作出来，每天做的时候，花3~5分钟的时间让自己看一看，听一听，闻一闻，尝一尝，摸一摸。这一周就做这个练习，可以吗？

她是很爱干净的人，因此也从未想过将家务交托给别人，以前觉得很累，只是因为工作量大，每天想着赶快做完而完全无暇享受做家务的过程。我们聊完后，虽然她有点困惑但也很愿意去尝试。一周以后，她继续来上课，做了一个特别生动的反馈：她选择了给花草浇水擦叶片的工作来做练习。

这一周，她和往常一样每天浇花擦叶片，但因为要有3~5分钟的感受过程，她非常惊讶地发现，内心的平静不知不觉回来了，连先生都说她这一周怎么没有那么多抱怨了。她第一次发现，绿萝的叶子是那么绿，浇花的时候，水滴洒在不同的叶片上有细微不均的声效差异。即便是绿植也有自己的味道，在早晨、中午、傍晚，花草们呈现的状态完全不一样。她觉得自己的心变得安宁和沉静起来，仿佛发现了新大陆，原来生活中有这么多有趣的事情，而她之前竟然毫无知觉。

这份知觉让她在炒菜的时候，在接女儿放学回家的时候多了很多新意，例如炒完菜，为了让菜品相好一点开始练习摆盘，结果孩子和先生都发现了这个细微的变化，她觉得非常开心。再如，以前女儿放学回家都要吃点东西，她只是把点心用一个个塑料袋装好给孩子备着。但这一周的后面几天，她看不下去了，觉得真丑啊，就去买了个托盘，把点心装在托盘里，牛奶倒入杯子里热好后放在铺了新桌布的小圆桌上，女儿看到后很惊喜："妈妈，谢谢您，我是公主耶！"

她的分享充满了感官打开后不断发现的真乐趣，让我们都听得入了神，这哪还是一周前愁眉苦脸的她啊！

我非常感谢她对我的信任和愿意尝试去做去成为的勇气。同时，我更相信，这还只是她美好生活的一个小小开始。

又过了一段时间，她给我发来私信，说和先生的关系进入到更深入的、充满美感的亲密状态。

这是我做带领者的美好时刻，因为无条件的信任和勇往直前的勇气，让她收获了自己感官打开之后的美好日子，我真心地为她和她的家人感到开心。

感官的敏感度增加，将会帮助我们更好地进入生活，实现"当下的真心"，即便是做家务，也能得到"家事的抚慰"，进而帮助我们对生活产生更多细致入微的体验，并将自己的"眼耳鼻舌身意"的真心纳入其中，这便是心手相应、知行合一、内外一致。

这是一个非常简单的练习，完成它，需要你当下的真心，从每天3~5分钟开始，可以选择的途径非常多，在这里列举一些，供大家参考：

1. 认真地听自己讲话，听听自己的语音、语调、语气；
2. 认真地听爱人/孩子/父母讲话，看着他们的眼睛，放空自己，不评价地去感受他们；
3. 认真地在洗脸之后看看镜子里的自己；
4. 静坐3~5分钟，感受周围的世界；
5. 认真地洗个脚，感谢它支撑你脚踏实地的每一天；
6. 认真地上个厕所，感受身体的放松和紧张；
7. 认真地切菜，打开所有感官去贴近食物；
8. 认真地洗碗，感受水流、水声、碗的质感；
9. 手洗衣物，认真、仔细地感受一切；
10. 好好地擦拂灰尘；
11. 整理衣橱；
12. 叠被子；
13. 抄写一首诗；
14. 练习毛笔字；
15. 画一幅小画；
16. 给孩子做一个全身的抚触；
17. 仔细、温暖地感受爱人的双手；
18. 仔细看看爱人的脸。

……

这就是生活中的不疾而速，等待你的感知来将你和生活进行深深的联结，当你可以沉入生活，你就活在了当下，智慧就会升起。

去做任何可以帮助你进行"主动而有意识的观察"的事情吧！

爱是一个动词，帮助我们进入生活

感官打开之后，怎么做可以更具体地帮助我们进入真实的生活，并发现生活与精神的关系呢？我们如何实现爱自己，爱他人，进而活出丰盛的自己呢？在这里，我要进一步说的主题是：爱是一个动词，我们需要去做去实践去成为。

怎么理解这句话呢？就是不管给孩子念多少遍"二月春风似剪刀"，也不如在春天里带他去看初春时节嫩黄的柳叶；不管给他念多少遍"杨柳岸，晓风残月"，也不如在中秋时节，带他观察月圆月缺。带孩子进入真实的世界，可以帮助孩子与真实的世界建立联结，以此发现孩子的独特性，从而拥有一个接纳和拓展的空间。

对孩子如此，对我们自己也是一样。

具体如何做呢？从本章开始，请大家跟着我从观察自己、观察周围的生活环境、好好做家务开始做起，这也是练习的必经过程。我相信，某一天，当你坚持不懈地去实践之后，你会突然发现，你已经成为自己想要的样子。

第二节
通过自我觉察和收摄身心来陪伴自己

自我觉察可以帮助我们和这些庞杂的信息保持一个距离，收摄身心可以帮助我们更加聚焦于自己的内在需求，让我们不容易被外界的信息牵着走，从而防止引起内在的巨大动荡。

自我觉察

当我们在进行"主动而有意识的观察"时，会开启对感官的训练，同时也会让我们有机会进行自我观察，在这个过程里不由自主地就能实现陪伴自己的目的。

我们生活在物质过多、选择过多、资讯过多、速度过快的环境里，时间久了，容易被裹挟着往前走，内心难以清明，就会比较容易出现焦虑烦躁、感觉生活没有意义等问题。如果这个时候，我们可以尝试慢下来，会帮助我们在庞大、繁杂的信息系统里做出明快的选择。

自我觉察可以用到"说听同时、做看同时、想观同时"这样"如是观"的方法，就好像有另外一个自己一直陪伴着我们，她在不断地观察我们是怎么说话的，怎么做事的，怎么思考的。

每天让自己用 3~5 分钟，分多次进行这样的自我观察训练，将会对我们特别有帮助，做得久了，就会发现自己的模式，进而全方面地了解自己，从而有力地支持我们做出选择。

收摄身心

收摄身心需要学习将我们的精气神内收，一个很好的方法就是安静地坐一会儿，每天也是三五分钟，有任何的念头和身体层面的感受出来时，任由它们发生，不去评价和分析。就像坐在阳台上看窗外的风景一样，任由它们来去，不做任何的干预。

不带手机，慢慢散步也是一个好方法。

静坐、散步都是可以帮助我们安静下来的方法。当周围的信息得到清理，我们内在的整合工作也会自然发生。

我们的传统文化里说"心手相应、知行合一、内外一致"，谈的其实就是形与神俱和当下的真心，即把你的心放进你正在做的事情里来。

如果我们可以经常用以上的方法练习，将会获得一个很大的空间来陪伴自己，我们的情绪、身体也都会有一个安身立命的所在。

这个部分需要我们身体力行地去体验。这是经过中国古人几千年验证的智慧，我选择相信并且身体力行，然后就获得了非常多的内在支持，而这些都是生活中的平凡小事，只要你愿意，它就可以发生并且于无形中成为你的强大支持。

- **实践分享：在一首歌的时间里静待花开**

因为，一件事就够了。在这短短的时间里，就能够听得见内心花开的声音。

某天晚上，孩子睡下了，先生出差不在家。我在卧室里，戴上耳机，打开手机点开乐库，随机播放一首歌。我就那么站在书架前，立在黑夜里，闭上眼睛，安安静静地听完了那首歌。然后我取下耳机，放下手机，走到书房取出一本书来读。在忙碌的间隙，一首歌就可以成为一个分隔符，让我能够在几分钟的停歇里，滋养自己，获取能量。

这是我一个人的时候常常会做的事，只是沉浸在一首歌里，保持清醒的状态，不做任何其他的事，听歌也不为放松，不为进入睡眠，就是为了听一首歌。

我常常把这样的体验运用在我的培训课堂里。通常培训结束时，我会邀请学员闭上眼睛，用舒服的方式去听一首歌或者一支曲子。接着我可能会询问他们这样几个问题：

> 1. 首先进入头脑的画面是什么；
> 2. 身体的感受是怎样的；
> 3. 有没有什么声音在和自己说话；
> 4. 全然和自己在一起是什么感受。

有的学员会因为首先跳出的画面而和我分享感人至深的故事，有的是关于某个人，有的是一段记忆，有的是一件物品；有的人会在那个瞬间突然意识到，什么对自己才是无比重要的；也有的人告诉我，居然就在一首歌的时间里突然知道了之前纠结的事情的答案；还有的人说自己以为忘记的一些往事居然就在那一刻横冲直撞地跑了出来。

无论是什么，那些讲出来的和没有讲出来的故事都成为一种解读和诠释，成为我们联结自己内心深处的按钮，成为通往我们内心那扇门的把手，或许只需轻轻一按或一拉，便可进入。

还有的学员则很难安坐欣赏，无法进入内在，总是有非常多的杂念。音乐？音乐有播放吗？我怎么没有感受到呢？我在一旁，可以看到她眼球在不停滚动，眉头微锁，双手局促得不知怎么放才好。突然闭上眼睛，什么都不做，只是去听音乐，这个经验太陌生了！陌生到她无法适应，也无法享受。当然这也成为一种全新的体验，陌生却刺激。当她睁开眼睛开始分享的时候,她说居然连几分钟的时间都无法和自己相处。一种深深的悲哀突然袭击了她:"我一直那么忙,原来一直活在别人的期待里,活在家人的需要里,我居然从来没有一刻是为自己而活!"

还有的学员关注点在身体上。疲倦,原来我那么疲倦,我怎么都不知道呢?一个深深的哈欠,似乎想要入睡。待睁开眼睛,却又觉得满血复活。这种有音乐陪伴的关于身体疲倦的觉察,带给她的体验是:"我有多久没有照过镜子了?好像我已有很长一段时间忽略了自己的身体,我应该多多爱自己。"

我曾在一个非常小型且私密的工作坊里邀请四位女士在听乐曲的时候尝试去看见丈夫的脸,如果看见,去感受一下他想要对自己说什么。

分享的时候,一位女士感觉开心又幸福,因为她可以清晰地看见丈夫的脸,并回忆起两个人无比幸福的时光。而其余三位全都哭了:一位可以看见丈夫没有表情的脸;一位刚开始完全看不见,到后面有了丈夫非常模糊的影子;最后一位看见了,却是自己从来没有见过的表情。我没有深入询问,只是在工作坊的后续跟进中才知道,在后来一年的时间里,她们开始有意识地经营婚姻。生活中开始发生很多积极的改变,对伴侣的感知力得到了很好的提升,婚姻的活力也开始涌现。

在与生活真实的触摸中,我体验到,不只是一首歌可以让我与自己联结,还有许多微小的时刻也都可以。

比如,给金钱草浇水,静静等待柔弱的叶子慢慢地舒展开来。那是和植物对话的时间,没有语言,没有思绪,就是和它美好地在一起,去感受生命的悄然改变。

比如,烘焙的时候,把爱一点点在阳光里揉进面里去,不听音乐,不想其他,只是揉面,然后慢慢等待烘焙的香味满溢在整个房间。

比如,泡脚的时候,让热水一点点注入脚盆,看脚背脚踝慢慢发红。不看电视,不看手机,不看书,只是泡脚,五脏百骸一点点热起来的感觉让我觉得活着很美好,也很实在。

比如,不听音乐,只是闭上眼睛,安坐在那里,任由思绪纷飞,看着它们起来,看着它们溜走。慢慢地,开始断舍离,开始更多地在一个时间里就只做一件事。因为,一件事就够了。在这短短的时间里,就能够听得见内心花开的声音。

回到生活本身

生活中有大美,如果我们带着觉知和观察进入生活,就更容易回到生活本身,与日常发生最深刻的联结,进而滋养到我们的身心。

- **实践分享:生活美育之回到生活本身**

我曾和微信群友们做过一个主题分享——生活中的美育。分享分为两个部分,一是谈美的无目的的功能和定义;二是谈如何在衣食住行层面进行美育。2016 年我连续做了 20 多场以"母亲在美育中的自我滋养"为主题的线下沙龙,主要就是从打开五感,在生活中感受、发现和表达美的角度来谈母亲的自我成长与滋养的。

这两个主题都和美育有关,和生活美学相关。

我的体验是生活中处处有大美,这些大美往往来源于生活中的小细节,来自那些容易被我们忽略的非常小的、细碎的、不容易注意到的事情里。

德国哲学家伊曼努尔·康德(Immanuel Kant)说"美是一种无目的的快乐",当我们可以进入生活,活在当下,当我们觉得自己的存在都像是一件作品,是一种生命状态的时候,生活的目的性和功利性就能够被解除,快乐将变得临在,变得毫无目的,因而美感丛生,妙不可言。

然而,我们现在的环境普遍存在着"三多一快"的现状,人在其中被裹挟着前进,变得很忙,焦虑丛生。人一忙起来,就很难有机会去暂停,不大容易感知到周围环境的变化。行色匆匆之间,审美的空间被挤压殆尽。

当很多东西摆在我们面前的时候,自己的节制力和选择力又可以怎样体现出来呢?

在众多的选择中进行有节制的选择,体现的其实就是观察的能力、审美的能力、选择的能力,这些都是非常重要的能力。

美育和生活美学,必得先回到我们自身,必得从生活中来,从自然中来。回到生活本身,回到最基本的衣食住行,是进行美育的必经之路。当美落实在生活当中时,就会比较具体,不会空洞,美就不会漂浮在半空中,而是可以脚踏实地,落叶生根,身体力行,让人自然而然就形与神俱、身心合一。

生活处处有大美,当我们有意识地通过自我觉察和收摄身心,在衣食住行这些最基本的生活层面引入美,改善审美的水平,必然可以

第二章
打开感官，
进入生活

潜移默化地提升孩子的审美能力。

当我们的孩子从小就懂得什么是美、如何创造美的时候，待到他们成年，自然也就会懂得如何选择适合自己的工作和伴侣，如何管理自己的生命关系。人生重要的选择题都带着审美的意味，这也是生活美育的终极目标之一。

蒋勋说："要让孩子从小积累美的库存。文学也好，语言也好，声音也好，视觉也好，要从很小的时候就开始积累。应该为孩子留下一些美的库存，给他们许诺一个更美好的未来。美的库存犹如幸福的篮子。"

让我们从生活最基本的衣食住行里去感受生活的过程、细节，慢下来，不要那么忙，留给自己和家人一点点空间，去享受生命，享受生活，从而爱我们的生活。

我在这里分享一些关于衣食住行的审美内容，这个命题值得深入解读。

- **衣：呈现自身界限和自我身份认同**

我们通过穿衣了解身体的界限，这也是我们对外呈现自身风貌和自我身份认同的途径之一。打开我们的衣橱，去感受一下自己的选择对应着自己什么样的喜好，我们是如何选择这些衣物的？买回来之后，我们穿得舒适、美丽吗？我们又是如何整理它们的呢？通过衣物去了解自己的喜好、习性，去关注自己和衣物的关系，这不仅可以再一次让我们审视自己的身体，也能看到我们接纳自己和喜欢自己的程度，以及我们和衣物的关系等这些与内在需求、审美、选择相关的"自己"。

我们对孩子的衣物可以进行同样的审视，可能会发现更多：我们和孩子之间的关系如何？这些衣服是怎么进入这个家庭的？我们允许孩子说"不"吗？孩子能对自己的衣物说"不"吗？孩子的衣服合身吗？色彩、款式由谁来决定？

首先，对于年幼的孩子，不建议总给他们穿不合身的衣服，这对他们的自我认知和审美都会有影响。生活不该只是基于功能的呈现，除了实用之外，还应有美感。这样的审美，孩子自小就会吸收。当孩子进入青春期，关于衣物的选择和表达通常会和他们幼年的穿衣习惯有所关联。

其次，当孩子具备选择意识的时候，支持孩子进行衣物的选择和搭配，给孩子提供合体、舒适的衣物是父母应该做的。衣物的选择其实来自于对自己身份的理解和对身体的熟悉程度。衣物可以帮助我们回归身体，而身体是最诚实的。合体、舒适的选择也能提升孩子的资格感和值得感，另外，通过节省数量而提升质量，也能帮助孩子在日常生活中潜移默化地去学习真正的"品位"。若家庭条件有限，至少让孩子衣着整洁朴素而非凑合将就，这也是帮助孩子在有限资源中提升优化整合能力的方法。

再则，衣物具有象征意义，结合春节、生日等特殊的日子，引入穿衣的仪式，会带给孩子特殊的美学体验。

同时，让孩子学习手洗并晾晒衣物，可以增强孩子和衣服之间的"友谊"。这些衣物为我们提供温暖，让我们保持美好，可以看作是我们的好朋友。物我之间的关系也是自我关系的呈现，孩子也能从中学习到审美。

● 食：食物也是品格，食育也是美育

食物是天地的馈赠，充满能量。单这一点就可以成为认识美的起点。

食物通常会承载人的美好情感，认真做食物本身就是一个美好的过程。如果可以邀请孩子参与其中，就能很好地帮助孩子进入生活，这是实实在在的生活良方。

民以食为天，吃饭是人赖以生存的基本需求，人可以从中获得安全感。同时，如果一个人可以决定自己吃什么、怎么吃，其背后的自信和选择的能力也能得到培养。现在的养育环境中，孩子通常是不能做这样的决定的。那么多孩子出现吃饭和发育的问题，不得不说和孩子自主选择的权力被剥夺有关。

将吃饭的权利还给孩子，同时，邀请孩子参与饭食的准备，然后慢慢地吃饭，在吃饭的过程中融入家庭的氛围，这些都是我们可以提供给孩子的关于饮食方面的美育。

更不用说，若每天多花三五分钟的心思，将饭食做得美味又好看所能带给自己和孩子的美好体验了。现在有很多APP或者微信公众号，都在教我们如何简单、快速地做出好看又美味的食物来。我们尝试学习的态度，本身也是热爱生活的表现。

当然，不是每个人都喜欢下厨，不下厨也行，至少要和食物建立美好的关系，从心里尊敬食物，感激天地的馈赠。孩子会吸收这样的态度，取自己所需，而不会在未来贪婪无度或者奢侈挥霍，从这一点上说，食物也是品格。

食物也可以和仪式结合在一起，每餐饭之前的感恩，饭后的清洁，

重大节日准备特殊食物等，都可以成为美育的方式。

• 住：让房子变成家

我曾经在自主设计的课程"育儿中的断舍离"中邀请所有学员用一周的时间来整理家务，让房子变成家。

我做过很多家访，进入一个家庭，站在玄关或者门口的时候，对这个家的整体能量基本就能感知一二了。这样的影响，对生活其中的家人就更不用说了。努力让自己的家在进入的时候呈现欢迎敞开的状态，让每一个家人都愿意回家，这是家所需要的基础。

"让房子成为家"有很多小技巧，比如每周更换鲜花，玄关处保持整洁，家里的空气干净流通，目光所及之处都是喜爱的物品，等等。

我们可以打开自己的感官，在家中每个角落待一待，和这个家对话，感受它的存在，去和它做好朋友，从"眼耳鼻舌身意"这几个层面来让家成为家人的宜居场所，成为大家放松而舒适的能量修复之地。

• 行：向外的探索拓展我们的格局

出行或者旅行不一定要去远方，可以变成对生活场景的不断探索，比如地下停车场、小区的角落、不同方向的徒步计划，等等，远行可以去不熟悉的城市，进行陌生的生活场景探索。

我更推荐带孩子到大自然中去，卸载过多的资讯和能量带给孩子的侵扰，让他们能够在大自然中得到滋养。

通过行万里路，让孩子看到这个世界上有那么多不一样的人、事、物，他们和我们如此不同，但一样值得尊重。这样的多元拓展可以帮助孩子的格局变得远大而开阔,对未来的人生必然是好处多多。

我相信,愿意自我觉察、收摄身心、打开感官、进入生活的你,一定可以发现,当你能够进入生活,回到生活本身,心手相应、知行合一、内外一致、形与神俱之时,生活就会教给我们所有。

希望大家可以对自己持续好奇,更加懂得自己,保持持续的成长,进而可以在时间规划、体能管理、情感管理中爱自己,如此,得到滋养的自我就能进入更高层级的思维管理和关系管理中。

第三章

持续好奇,持续成长

Chapter Three

第一节
与未知的自己不断相遇

通过身份的转换和感知的打开，我们接受生命的馈赠，打好自我管理的基础，现在我们接着更进一步来看关于懂自己的方法。世界上唯一不变的就是变化，我们也在变化之中。这需要我们保持一份对自己的好奇心，这样所谓的丰盛才会在不同维度和层次渐次展开，我们才能和未知的自己不断相遇。

"持续好奇，持续成长"的内容包含6个部分：

按照价值取向去生活；

我值得先照顾好自己；

找寻不同；

增加弹性；

增加敏感度；

从积累到创造。

以上 6 部分其实也是时间管理、体能管理、情感管理、思维管理、关系管理、意义管理这些章节内容中的底色，保有持续好奇和持续成长的愿望和动力，才会去做进一步的自我管理尝试。下面我就每一个部分进行拆解和分享。

按照价值取向去生活

我将从讲师和母亲这两个我生命中很重要的角色入手，做一些关于价值取向的回顾。大家可以看到即使生命的角色不同，但我们可以在其中找到关联的部分，这样的观察会整合我们内在的行为模式。

我个人认为，按照价值取向去生活是非常勇敢的事，这是一个生命应该拥有的自由，"我做主、我选择、我负责"，将会荣耀我们的生命。

我曾在北京的"妈妈公社"主持母亲的自我管理封闭成长小组第 9 次课，在谈及探寻自我的价值取向时，我和大家分享了我所钦佩之人的核心品质。

我在 2000 年决定成为一名讲师，在 2010 年决定成为一名服务女性及母亲自我成长及其家庭幸福的积极生活和积极养育的传播者。我很感谢自己在十几年前就能做出这样长远的决定，我还记得自己曾经探索过"作为一名讲师，需要什么样的核心素养"这样烧脑的命题。

结合自己的工作经验以及跟随无数优秀讲师的体验，我希望自己作为一名讲师可以做到这样几点：

持续学习，乐于分享，勇于践行，抓取规律。

首先是持续学习。我认为持续学习代表着永不消减的求知欲，透露出的是永不磨灭的好奇心，以及永不放弃的持续成长的动力。这需要旺盛的生命力。

精力充沛、生命力旺盛的人通常都会葆有对这个世界的好奇心。好奇是珍贵的品质，尤其当好奇的方向转向内在的时候，将产生极强的成长动力，这还会让人勇于探索，避免"刻舟求剑"的死板，产生灵活的适应性，那就是"弹性"。

有弹性的讲师也就更容易带领他人，因为这样的讲师不会成为控制型的人，不会要求学员和他一样，不会让课堂成为"一言堂"，这样的弹性和好奇会在学员和讲师之间创造一个认知空间：我们是不一样的，我愿意去了解，我允许不同存在。学员的特质也就会在好奇的鼓励之下更自然地涌现，讲师和学员会成为一个真正的团队去探索，所谓因材施教、顺势而为也就出现了。

其次是乐于分享。我总在我的培训中和学员们说"分享带来更多"，分享不仅代表着分享知识和技巧，也代表着分享自己的真诚，更代表着在分享中和他人发生联结的能力。

分享不是说我觉得什么好，就一股脑儿都倒出来，俗语说"我之熊掌，他之砒霜"，不对应的分享，或许会起反作用，达不到理想的效果。

分享还代表着一种觉知——这个世界是丰盛的，这要求分享者内心丰盛，不觉匮乏，自然流淌地进行分享。

再次是勇于践行，这是我核心的价值取向之一。我一直期望自己"脚踏实地，仰望星空"，我期望自己分享的所有内容都是我所体验过的、真实的、接地气的。所以我不讲那些没有体验的课程，也不开发没有自己生命体验的内容。读书的时候，也不贪多，抓取一两点，认认真真地用起来，体验起来，经过一段时间，就可以把知识"活"到我的生命里面来。

我常常对学员们说："学习不是为了拥有，而是为了成为。"这就是第一章和第二章中我反复强调的"心手相应、知行合一、内外一致、形与神俱"地去做去实践去成为。

最后是抓取规律，这是我认为作为讲师很需要的一个核心技巧。讲师授课本身就带着很多天然的局限性：首先讲师自身的生命发展就代表着一种局限性，讲师自身的体验归属于他作为个体的部分，人是千变万化、各不相同的，这个局限性是很大的；其次是要讲的主题和未知的内容总是无穷的，讲师传授的是已知的内容，这是另外一个很大的局限性；再次是来自学员的局限性，和讲师一样，学员进入课堂，带着所有的过往信息，这就是局限。所以，授课系统中最核心的三要素（讲师、课程、学员）都带着局限性。

在这个局限之内，讲师和学员相遇，通常都需要一个主题。培训授课意味着需要帮助学员进行知识的迁移，很多人把这个过程叫作复制。可是人与人不同，哪能轻易复制呢！

所以对于讲师来说，需要去看行为技巧、环境改变背后的模式，这个模式就是生命中的一些规律。

以上四点，对于我做母亲这个角色来说，一样具有指导意义。

首先是持续学习。孩子每天都在长大，他们的生命美妙无比，无法预测。有人说，父母是这个世界上最忙的决策者。我们的生命不可知，孩子的生命不可知，若不保持好奇，若不持续学习和持续成长，我们将如何适应这千变万化的生命历程呢？同样，持续学习和持续成长的方向若是转向内在，也会帮助我们更好地看到孩子和我们是完全不同的生命个体，给我们的亲子关系引入更多的弹性和尊重的空间，父母和孩子都将会松一口气，并获得更深入的联结。

其次是乐于分享。对于母亲这个角色来说，分享什么呢？我们和孩子分享成长的快乐，分享真实的自己。就如前文所说的，分享意味着真诚，意味着不匮乏。这对孩子来说，将是多么好的边界——"你是你，我是我"，我们不怕脆弱，不怕阴影，就是分享自己，这对于孩子来说，就是一种很好的引领。

再次是勇于践行。通过践行，我们帮助孩子和自己一起进入生活，这是最真实的力量，也能帮助孩子提升获取幸福生活的能力。看再多的游泳视频也抵不过下水游一次。我们可以和孩子一起去把知识"活"出来，成就热气腾腾的生命。

最后是抓取规律。我们和孩子朝夕相处，可以仔细观察他的脾性、喜好，更深入地了解孩子的个性，在此基础之上，因材施教，成就的必然是良好的亲子关系。用在生活中，抓取规律就是观察和觉知，不断地如实如是地觉知我们自己，觉知我们的生活，在其中看到自己的情感行为模式，看到孩子和家人的情感行为模式，然后寻找和谐的相处之道。

下面我将分享在过去十几年里，阶段性追问自己的问题，这些都是关于寻找内心价值取向的问题：

1. 如果现在就是人生尽头，你学到的最重要的3件事是什么？为什么它们如此重要？
2. 寻找你最敬重的一个人，请描述他身上最令你钦佩的3种品质？为什么？
3. 你能做到的最好的自己是什么样的？
4. 你希望如何总结自己的人生？

请在得出你的答案之前，多问几个为什么。

尼采说："知晓生命的意义，方能忍耐一切。"按照价值取向生活的勇气和信念所带来的生活方式将荣耀我们的生命，我期待着你能从价值取向这个层面和自己进行以上类似的对话，寻找自己在这世间安身立命的稳定核心。

我值得先照顾好自己

照顾好自己，才能照顾好家庭，才能避免我们带着匮乏的心去期待回报，从而避免在关系中带来压力和控制。

首先，我们需要有照顾自己的意识。这需要我们通过自我觉察、自我联结、自我和解建立资格感、值得感。当有了更好的自我觉察，获得更多以往未曾出现的感官体验之后，我们需要学习对自己说："我有资格，我值得先照顾好自己！"

这让我想起生活中的一个小片段。

曾经有一天晚上我加班到20:00才回家，孩子给我打电话："妈妈，你到哪儿啦？我都快等不及要见你了！你这个慢吞吞！"等我出了电梯，家里居然开着门，过道灯也亮着，我才发现自己的家居鞋已被孩子整整齐齐地摆放在了家门口，哇噢，被欢迎回家的感觉真好！

等我坐下来才发现自己连吃饭的力气都欠奉，我告诉孩子"妈妈很累需要休息"，希望他可以让我自己一个人待一会儿，充充电。

这是我们平日里就用的沟通方法。偶尔我精力低下，陪伴质量很差的时候,也容易在心里起急,所以就想到了给玩具充电这个比喻来让他明白,妈妈现在电量耗尽,需要安静待着充电,然后告诉他钟表的长针要从这里再走几格就能充好电陪他玩耍了。

几次练习之后,他就懂得了充电的含义以及他可以怎么做来支持妈妈,也支持他自己。

所以,当我说我要充充电的时候,他也就不来打扰我,让我安静吃饭,安静插花。他和外婆去洗脸刷牙洗脚,然后看书。我还得到时间泡了一个很舒服的热水澡。

等我收拾好了,走进卧室的时候已经 21:00 了,我很感谢亲爱的母亲放弃了她每晚的电视剧时光,陪伴孩子,帮助我得到更多的支持。

等我换好睡衣,他对我说:"妈妈,我想再看会儿书,可以吗?"

我看看他说:"可以。"

看完书他说:"妈妈,我想和你玩两个游戏,躲猫猫和挠痒痒!"

看着他亮晶晶的眼睛和满怀期待的小脸,我答应了。

我们玩了 10 次躲猫猫,6 次挠痒痒。手电筒成了雷达,浴巾成了隐身衣,枕头成了大垫子,我们嘻嘻哈哈地"挠痒痒"。我们一起大笑一起想办法让游戏玩出了新花样。如果没有之前的充电,我是不可能这样精力充沛地陪他玩耍的。

当我们躺下睡觉时快 22:00 了,他拍拍我胳膊说:"晚安,我最亲爱的妈妈!"

虽然晚睡一小时,孩子却带着饱足的爱,安然入睡,一觉到天亮,第二天醒来之后精力充沛,完全没有少睡一个小时的"起床气",很开心地上学去了。

回想这个过程，我想最核心的帮助就是我没有忘记那个基本原则：我值得先照顾好自己。

当我可以照顾好自己，获得爱自己的能力之时，孩子也可以拥有照顾好自己的能力！我们还能一起创建弹性的家庭空间，使用游戏这样温柔可爱的方式来增进亲密。

这时候不用解决问题，因为根本就没有问题发生。

"我值得先照顾好自己"，背后对应的是我们内在的资格感、值得感和能力感。这会帮助我们内在升起对自己的信任，这份信任进而会带来一个很大的新空间：我相信我可以照顾好自己，我相信自己有资格先照顾自己。这会更进一步帮助我们的家人了解到这样一个事实：她和我是不一样的，她需要我的支持，我也有能力去支持她，我也有资格可以先照顾自己的感受。

因为我坚信"我值得先照顾好自己"，会让我们和家人之间有一个清晰的边界：你是你，我是我。我们都可以有自己的空间来看护好自己。这份笃定的感受和允许会传递给家人，尤其是孩子。他也会在不断的相互练习中发展出健康的独处能力。

找寻不同

找寻不同，是我在母亲自我管理课程中设置的一个非常重要的阀门。每一堂课我都会使用找寻不同来铺垫，为学员在生活中启用新的方法来增强动力、积聚能量。

- **找寻不同是联结过去、现在和未来的杠杆点**

细心的你可能已经发现了，找寻不同不就是我在第一章中提到的母亲自我管理的安全地基——幸福日志——的源头吗?

我对翻开本书的你有一个基本假设,你或多或少想寻求改变。那么,为什么需要改变呢?主要还是对现状存在一些困惑或是不满。这份不满有着非常正向积极的期待:你希望自己可以更真实、更从容地活出丰盛的自己。这可能就是你在阅读本书和其他书时的一个不同的愿望。

对于我的学员来说,她们走进一个关注内在改变和发展的母亲自我管理的场域,这本身就是一个不同。同时,学员大多都带着30年左右的生活惯性进入课堂,要在固有惯性中引入不同,对学员、对我来说都是极具挑战的事情。

新的元素进入,会对旧的生活系统产生影响,在新元素即将加入的时候,就需要去观察和看到旧的系统,否则改变是无法进入的,即便进入,也不容易存活。这个观察和看到的工作,在第一章和第二章中,我花了很多篇幅来说明,希望读到此处的你已经做了一部分帮助自己看到的工作,例如记录幸福日志、打开感官的训练等。

当你可以更多地观察和看到的时候,觉察自我的工作就会被呈现出来。这是我在本书中一再强调的事:**改变从觉察开始。只有看到旧系统,新系统才有产生的可能性。**

当我们有所觉察的时候,自然就会知道自己的状态。这能帮助我们从被动的惯性中得到喘息的机会,获得主动选择的机会和不同的反应方法,改变的期待会被自然引入,奇妙的是,改变还会自然发生。因为,觉察真的会帮助我们从被动到主动,从困顿到从容。

冥想大师斯瓦米·拉玛说:"老师的任务在于给学生一个新的关注点,让他们将意念从固有的习惯模式中解放出来。"这是老师要去做的一个非常重要的工作。而至关重要的是，在生活中，我们就是自己的老师。当我们可以"说听同时、做看同时、观想同时"的时候，我们就能成为自己的老师，通过幸福日志、感官训练，我们必将发现新的关注点，也必将从固有的习惯模式中解放出来，迎接内在和外在新世界的到来。

找寻不同会帮助我们停一停，得到一个缓冲的暂停空间，去看看现在发生了什么，它和过去有什么不同。只是这样的一个观察，就能将过去、现在和未来联结在一起，这个力量是巨大的，是一个杠杆点。

一旦我们看到不同，还会带来一个附加价值很高的觉察：我们是如何走到现在的。我们就对旧的系统、旧的模式获得了一次整理的机会，一次仿佛给自己写自传的机会，一次生命故事重新被讲述的机会。越多地去看到自己的旧模式，越多的不同也就会被我们看到。也就是说，越多的当下被我们觉知，越多的内在模式所对应的过去才能得到浮现。

- **找寻不同会得到改变的资源**

"不同"是和过去不一样的存在，当我们可以看到那个不同的时候，其实就在旧系统之外引入了新的资源。就像投入湖面的一粒石子，我们可以看看它会对我们有什么影响。

新发现的不同越多，我们获得支持和改变的可能性也就会越多，也就更可能会给现在的生活带来活力。换句话说，"不同"的积累是我们在未来进行改变的"数据库"，是我们改变的基础。

- **找寻不同会得到改变的可能性**

当我们去关注不同带给我们的愉悦程度的时候，那些不同就会提

第三章
持续好奇，
持续成长

供给我们改变的可能性和方向。

如果你觉得这个不同对你来说很棒，体验很好，或许你就希望在未来的生活中获得或者创造更多这样的不同。这份期待和希望其实就是主动选择的雏形，当你可以持之以恒地去寻找不同，聚沙成塔，信念的改变也就会悄然发生。我想，细心的你可能又发现了，这还是可以通过幸福日志的记录来不断支持你去做到的事。

新的美好体验就像初生的婴儿，我们需要爱她，喂养她，帮助她茁壮成长。在喂养的过程中，新的资源和可能性就得到了存活的机会。我们的精力有限，新元素的进入，必然会侵占旧元素所需要的精力和空间，这样新元素就会自然转化或者替代旧元素，于是，旧系统就得到了升级的机会，改变也就获得了存活与持续一段时间的机会。

那么，我们该如何去做呢？

我要在这里和大家继续强调我做了十几年的一项工作——记录幸福日志。通过自己的实践和常年与他人分享共修的经验，我认为这是一个四两拨千斤的好办法。

幸福日志对我来说，就是从书写不同开始的。

在写的过程中，我从最初只能每天发现2个不同慢慢变成了每天发现20个不同。我发现自己看世界的角度不同了，细致程度也不同了，我开始在自己习以为常的世界中看到越来越多的闪光点！现在再看我的记录，已经从最开始干巴巴的流水账变成了感情丰沛的生活感悟。

我的找寻不同的日志自动地在书写的过程中变成了幸福日志。这一写就上了瘾，一直写到了现在。熟悉我的人喜欢看我的朋友圈，觉得满满正能量，那其实是我可以公开的幸福日志。

我更推荐使用手写的方式记录幸福日志，这也是有益于调心的一个很棒的方法。手写和使用电子产品书写的体验是非常不同的,大家可以试试看,然后找到让自己愉悦的书写方式。

"找寻不同"体现的其实是对生命的一个基本态度:保持好奇。

对我们自己的生命保持持续的好奇,也是和自己持续贴近的方式,是和自己持续做好朋友的态度。就像每天对自己这个好朋友说:"嘿,你今天过得怎么样?有什么新鲜事儿告诉我吗?"

对我们自己的生命保持持续的好奇,也能帮助我们获得源源不断的支持,进而焕发蓬勃的生命力,越多的好奇就能越多地积累爱自己的元素,仿佛在进行不断的内在升级训练。

增加弹性

我的孩子在读幼儿园的时候,起床的时间通常是早上 7:30~8:00。有一天早上 7:30,闹钟响了,孩子还在睡,我心里迟疑了一下,还是决定让孩子继续睡,不去唤醒他。

这是因为前一天晚上他和爸爸之间发生了比较大的冲突,孩子经历了非常大的情绪起伏,耗费了非常多的能量。我想,他的身体一定会感觉很疲倦,需要修复。而睡眠自然是最棒的修复方法。因此我没有拉开窗帘,也没有去叫他,就让他好好地、饱饱地睡到自然醒。

快到 9:00 时,听到他的呼唤,我跑进卧室,发现他开开心心地正在和爸爸玩耍,这下是彻底好了,他和爸爸又成为好朋友了。我也没有催促他快快吃早饭,只是告诉他:"我跟老师说过了,你慢慢吃饭,不用着急,只是今天我们得做'迟到大王'了!"

我们还是按照平日的节奏,吃早饭,出门,在公园游走一会儿,然后再去上学。路上我们彼此调侃："哈哈哈，今天迟到大发了，我们成了'迟到大王'了呀！"

我们在幼儿园门口开心地拥抱并挥手道别，他要求我下午接园的时候带上他的双管水枪。下午我去接他，他非常开心地和我玩水直到衣服湿透才回家，在清冷的春日傍晚，小风还一直吹，他经过那么凉的刺激，居然没有生病。我想这绝对得益于他前一晚和当天内心与身体的净化，他没有积压的情绪能量，身体也得到了很好的照顾，不需要用生病来继续获得父母的关注。当晚，他很快就入睡了。

我很庆幸自己选择了不同于往日的处理方式，支持孩子睡到快9:00时才起床，允许一向不迟到的我们请假，好好地吃一顿饭。

这对应的其实还是作为妈妈的我内心的价值取向：孩子的身体和感受对他来说是目前这个阶段最重要的，他需要修复的空间。

在惯常的生活节奏中，遇到这样的突发事件时需要家庭的弹性来帮忙。弹性意味着打破过往的规则，破除我们心中做一个完美小孩的愿望。这其实非常具有挑战性。

打破规则，增加弹性，意味着我们是否可以创造条件，在给自己空间的同时，也能给孩子创造出一个充满弹性的空间，进而帮助他自然修复，而不用继续和父母纠缠。

后来想想，那天早上其实是那个学期里的第二次迟到，第一次迟到发生在那年北京第一场春雨的清晨。这样清晰的记忆，可以看出对于规则，我其实是非常看重的。尤其是上学迟到，这不只是他一个人的事，有可能会影响班级的教学。因此，打破这个规则，对于我来说真的是非常不容易的事。

我记得那天天气阴沉，小雨下个不停。等孩子醒来，我抱着他去阳台看春雨，我们观察到楼下的人都打着伞，我遗憾地跟他说："下雨啦，你今天不能骑滑板车了！"没想到儿子抱着我开心地说："没关系呀，我可以穿雨衣、雨鞋踩水啊！我喜欢下雨！"

说实话，虽然我也想到这可能是他喜欢的事，但当他这么告诉我的时候，我还是非常欣慰和开心，觉得他继承了我们积极快乐的特质，这大概也是养儿育女的愉悦之一吧。

根据我对幼儿园的观察，我估计那天迟到的人会比较多，老师可能会等着大部分孩子到了之后再上课，我在他吃早饭的时候准备好了雨衣、雨鞋，想到他踩水会把裤子打湿，就又带上了更换的裤子。我留出了15分钟的时间给孩子玩水，同时把这个决定和这样做的原因告诉了他。他说他会赶上上课的，我心里又是一喜，感谢他心里有其他的小朋友和老师。

于是，在去上学的路上，凡是没水的地方，他自己走得很快说是节约时间，有水的地方他就尽情踩水、趟水，玩得不亦乐乎。等他到学校的时候，发现老师果然在等小朋友们，他回头对我胜利一笑，接着开心而骄傲地对老师说："看，我的裤子全湿透啦！"

这两件生活中的小事帮助了我和孩子。这得益于我们在日常观察和生活实践中，不断地去发现不同，因此拥有了这样的弹性空间，这很好地帮助了我们处理迟到的焦虑，让我放下了作为母亲在其背后隐藏的完美期待。

我想，孩子在这个过程中可能会得到这样的体验：我可以不那么乖，但我会为自己的选择负责任，我会尽量寻找平衡的方法，我也从妈妈那里学习到了观察和生活实践之间的关联，我可以在照顾自己之前和他人沟通，然后学习支持别人……我希望他会在这个弹性空间里获得看问题的不同视角，得到支持自己的力量，并懂得寻找不同的方法来解决问题。

照顾自己，培养责任心，提升自信、乐观地解决问题的能力，都藏在这些小小的事情里，妈妈可以做的，就是先在自己内心扩容出一个弹性的空间，允许自己的内在期待放空，进而把力量还给孩子，让孩子"我做主、我选择、我负责"！

充满魔力的弹性空间恰好就来自于在日常生活中训练的找寻不同的能力，亲爱的你，请记得继续保持记录幸福日志的习惯吧！

增加敏感度

敏感细腻和敏感度是不同的：敏感细腻是移情，可能会让人控制不住，沦为情绪化的表达；敏感度是共情，和而不同，既可以了解到正在发生什么，又能保持高度的觉知，在体验感受的过程中，能够用对方的角度来看世界。

敏感度是一种很重要的联结能力，也是可以被训练的一种能力。法国雕塑艺术家罗丹说："世界上从不缺少美，而是缺少发现美的眼睛。"美需要体验，更需要发现。发现的能力和觉知的能力（敏感度）直接关联。

觉知和一个人的敏感度有关，对事物保持开放和敏感的人，其敏感度会高一些，发现、感知、体验的深度和广度也会不同。

增加敏感度，需要我们扩容自己内在的接纳宽度和深度，去和对方在一起，打开眼耳鼻舌身意，眼睛看到什么，耳朵听到什么，舌头尝到什么，鼻子闻见什么，身体感知到什么，内心有什么感受，这些都是一个人的觉知能力。

　　天地有大美而不言，大美更在生活里。在生活中去打开五感，发现不同，并学习和这些不同进行对话，慢慢地，我们的敏感度就会增加。

　　当我可以观察到在春季里梧桐树每一天的叶片都有所不同的时候，我便也能感知到自己今天的着装和昨日的不同，其对应的心境的差异，也能感受到孩子今日和昨日的差异，放学后和上学前的变化，我便能从这些细微的不同之中寻找到和对方联结的途径。

　　当我能够听见树林里的鸟鸣或者感受风吹树林的声音时，我也能听得出自己说话的语音语调和心情的关联，便也会了解孩子语气语调变化所对应的他的内在需求和外在状态的改变。

　　当我可以将食物整合出新的口感并对之敏感时，我便也能了解到自己身体的状态、内在的偏好，也就能知道孩子和食物的关系，允许他可以和我一样拥有选择自己吃什么的权利，允许他拥有喜欢吃一样食物而不喜欢吃另一样食物的自由。当我可以允许自己尝试不同的食物时，我也就可以带着孩子一起寻找和品尝美食，从中教会孩子接纳和理解即便同样的制作方法或者同样的食材也饱含着千变万化的创造元素，进而理解生命的多种可能性。

　　人在放松的时候更容易打开自己，以接纳外界的信息。所以，我常常建议妈妈们在生活中设置减压阀，简言之，就是做可以让自己卸载压力的愉悦的事。

　　每天、每周、每月、每季度都需要用减压阀来调节我们的生活，保持我们内在的敏感度。

　　对我来说，每天清晨一个人的写作和读书时光就是很好的减压阀，我在这个时间段里和自己对话。周一上午是属于我的静默时光，我把孩子送园后通常会到树木成林的公园里走走看看，拍拍照，吸纳一下天地的精华。每个月我保持出门旅行或远足的节奏，去看看我们生活之外的地方是什么样的。每个季度我会对自己的知识结构进行更新，参加一些专业的培训，去结识更多和我不同的人。

当敏感度逐渐增加的时候，生活中的美学就会呈现出来。朱光潜先生在《谈美》中提到生活需要三种基本的态度：实用的、科学的、美感的。他说："实用的态度以善为最高目的，科学的态度以真为最高目的，美感的态度以美为最高目的。在实用态度中，我们的注意力偏在事物对于人的利害，心理活动偏重意志；在科学的态度中，我们的注意力偏在事物间的互相关系，心理活动偏重抽象的思考；在美感的态度中，我们的注意力专在事物本身的形象，心理活动偏重直觉。"

如何可以观察、体验到美？这是一个主观的过程，这个过程意味着欣赏。美当无用之用，欣赏则是无为而为的情趣。风行水上，自然成纹。

作为妈妈，我们可以在打开感官、增加敏感度之后学习美，并将美自然而然地带入养育的过程中。这几位大师关于美的表述深得我心：

> "美的库存是在精神极度空虚的时候，一个让你可以继续生存下去的东西，是使生命继续丰富、圆满的东西。"（蒋勋）
>
> "美是没有目的的快乐。"（康德）
>
> "天地有大美而不言。"（庄子）

这也成了我在家庭中进行美育的指导箴言,美是一个人安身立命的库存,是快乐,是无言的联结。

当我更加关注美与内在关联的时候,我获得了更进一步的体验:美是与我们自己进行联结的媒介,经由美,我们可以构建和自己的关系,与自己更好地贴近,拥有更流动的自我关系,从而拥有更流动的外在关系。

敏感度的增加会带来更多真善美的体验,帮助我们获得与自我更好地相处的能力,从而改善我们和周围世界的外在关系。

"慢慢来,欣赏吧!"欣赏我们自己的生活,打开感官,增加敏感度,融入其中,慢慢积累,做一个敏感度更高的母亲吧。

从积累到创造

谈到生活中的创造,我们先来看一个我的实践记录:

某一年的冬天,我们小区门口的餐厅装修,工人们扔出来很多小木块。我从旁边路过的时候,觉得那些整齐的原木色的小木块应该有用,就讨了个塑料袋,蹲在那里一个个挑选。

回到家,我确实不知道这么一大包小木块可以做什么,就擦洗干净,收在壁橱里了。一放就是好几个月。

后来我常常收到学员们送的花,花器总是那几个,也不想再添置,便想到或许自己可以试着做一个。

以前也做过好几个花器,比如在罐头瓶子外面包上漂亮的包装纸,用麻绳一栓,或者是在小小的布丁瓶子外面,裹上两片梧桐树的叶子,

第三章
持续好奇，持续成长

再搭上几个野果，或者将几个瓶子组合起来成为高高低低的一组，看上去都很漂亮。

脑海里闪过这个念头之后，我就开始搜集素材，并构思想要什么样的花器。考虑到最近偶尔使用花泥插花，比较麻烦，花泥蓄水和更换也不如花瓶，于是我想要一个可以有插花效果的花器。

我上网淘了几个试管，等货到了之后，便拿出壁橱里的小木块，按照长度进行整理，并开始进行制作。

刚开始我使用铁丝来固定，觉得很难看，做好之后又进行了拆除，改用热熔胶来进行固定，第一次做，只是做了一个规规矩矩的方形，看着还是觉得不美，便又找了一根麻绳，打了个蝴蝶结，这样看起来好多了。

小木块还有很多毛刺，我并没有打磨，因为觉得就这样糙糙的更好看。

然后把大小试管粘进去，高高低低错落有致，接着用花材进行了填充，果然有插花的效果。

我把图片放在朋友圈里，朋友们反响热烈，我颇有一种变废为宝、化腐朽为神奇的感觉。

这个实践可以很好地成为我下面要分享的从积累到创造这个过程的案例。生活本身就是一位充满创造力的大师，变化是它永恒的主题，而变化恰好也是生发创造的一个重要元素。所以，创造是我们与生俱来的一种天赋。

同时，创造力是完全可以被训练的。大师需要更多的天赋，作为普通人，有意识地进行创造力的训练可以非常有效地锻炼大脑。

在打开感官的基础之上，尝试多样的变化和多种可能，也将让我们的思维通道变多变宽，进而迁移到生活的其他层面里去。当我们在日常生活中遇到挑战的时候，我们会因此发现更多的解决方案。

我不是艺术家，也并未期待自己成为艺术家，但生活中的艺术和情趣是需要的。我也不是一个非常有创造力的人，但创造力真的可以被训练。我持续的、有意识的训练确实在一点点改变自己的生活。

当我开始刻意练习的时候，就能将无意识的重复变为有意识的觉知和觉醒，这会让散漫混沌的体验变成聚焦真实的经验。

这就像我一直提到的幸福日志，最开始的简单记录提供了大量的观察积累，慢慢地，它就变化为生活中创造力的来源，因为每一天都要至少发现和昨天的两个不同。这种观察的视角会让我们对变化保持高度的敏感，而这正是创造力的基础之一。

这种对变化的高度敏感带来的积累和创造，用在任何关系里都是适用的。

这里提供一个非常简单的练习：请让自己每一天都去发现伴侣或者孩子和昨天的一个不同，并且表达给对方听。

试试看，只需要连续做三天，你一定可以感受到关系中微妙的变化。说不定，你就很容易地将幸福日志迁移到关系中来了。

我常常说"联结始于关注，亲密源于看见"。上面的练习不但可以让你去关注关系中的他人，还能帮助你去看见他人的变化，坚持这样做，联结和亲密一定会成为你们关系中的礼物。

第二节
一个母亲的精神成长

当上文中的 6 点探索进入到自我成长的视野里时,我们内在的精神成长将会悄然启动。以下内容,我将和大家分享关于精神成长方面的思考和体验,这个部分不仅会涵盖我们作为个体的成长,还会包括作为母亲对于孩子的影响。

这个部分内容包含三个方面:

> 精神哺育:孩子通过母亲的精神包裹得以安全成长;
> 养育使命:相互哺育,唤醒自我;
> 精神独立:自我照顾,发展精神生活。

精神哺育

- **孩子通过母亲的精神包裹得以安全成长**

一个孩子从妈妈受孕,在胎内就和妈妈通过脐带联结,之后出生到这个世界上,通过情感与父母联结,并以此获得最基本的安全感。

关于安全感,我想,如果你已经开始了记录幸福日志和打开感官的训练,应该会逐步开始体验到自己在这个世界上是非常安全的。打开感官的训练也可以和小朋友一起做,这会帮助孩子建立和这个世界的联结,像你正在感受的那样,获得安全感。

• 生活的三种态度

在丰富的感知体验背后,其实有三个非常基本的态度:实用的、科学的、美感的。这三个态度的提法来自我国著名的美学家朱光潜,他在《谈美》一书中对此有所阐述。我把这三种基本的态度看作是母亲精神成长的基础。

举一个例子来说明一下这三种态度。

我家楼下正门附近有一棵柿子树,在我们搬来的第一年,我经常为了节约时间直接走楼的后门,所以直到第二年秋天柿子树挂果之后,我才发现那其实是一棵柿子树。我记得当时那棵树有多么美,秋风刚起,刚刚挂红的柿子树上,反射着阳光的叶子迎风摇曳,宛如一幅画儿一样,令人心情愉悦,后来我几乎每天都要从那里经过并看一看。再后来我发现柿子越来越少,明明结了很多果啊,直到后来有一天早上我才发现,原来是小区里的一些大爷大妈们把它们据为己有了。

大爷大妈们和树的关系是实用的态度,我突然发现它是一棵柿子树时是科学的态度,感受到秋天里它的美就是美感的态度。

这三种态度没有高下之分,通常是我们和世间万物之间关系的写照,应用在亲子育儿中一样可以发现其端倪。

再比如说,孩子在秋天洗澡时,实用态度主导的父母会关注孩子是否需要洗澡,洗干净了就赶紧出来;科学态度主导的父母会关注水温、气候等变化,洗澡的程序、方法是否适合这个年龄的孩子;美感态度主导的父母会关注孩子洗澡是否开心,浴室是否需要布置,给孩子提供好玩的洗澡玩具，等等。

每一个人的态度都会有偏好，不论哪一种，都可以帮助我们和孩子建立亲密的联结方式。如果可能，尽力去拓展态度的宽度，在一件事里容纳这三种态度并存，将会形成一个安全的精神哺育的空间，并呈现出不一样的美感来，而美感，恰好是精神成长的表达。

我们可以去觉察一下，自己在日常生活中，这三种态度的构成比例大概是多少？在育儿和与他人的关系中，这三种态度的比例又大概是多少？

- **安全感的四大稳定支柱**

作为父母，我们都希望孩子能够身心健康，生活能力强，同时在灵魂上有修养。这些美好的愿望需要一个地基——安全感。

安全感就是陪伴吗？不一定。我遇到一位全职妈妈，每周7天，每天24小时陪伴在孩子身边，但是她的孩子入学时，老师却说她家小孩非常缺乏安全感，分离焦虑非常严重，哭了整整一个学期。这让那位妈妈非常困惑，原来7×24小时的陪伴也不能保证给孩子足够的安全感。

心理学家尼尔森将关于孩子安全感的来源分为四大支柱：人、地点、日常行为、习惯。核心关键词：稳定。当一个母亲发现孩子安全感不够的时候可以从这四个方面来看，自己平时和孩子相处的时间、沟通的习惯、陪伴他的时候我们做的事情，等等，这些都会影响孩子安全感的建立和发展。

九层之台起于垒土，如果想要给孩子发展出这四个安全感的支柱，重要的因素是母亲自身的稳定性和安全感以及能否给孩子提供精神哺育。

如果我们在陪伴孩子的时候发现孩子情绪不够稳定，精神不够集中，用各种方式寻求大人的关注，不能完全忘我地感受自我，和人沟通比较乏力。这时我们需要反问自己是否可以帮助孩子？自己对此是否担心？我们是担心孩子很胆小，还是担心自己对孩子的陪伴不够，或者是担心自己不能控制自己的情绪？如果我们只是停留在担心这个层面，而没有行动，妈妈的内在可能就会变得越来越空虚、无力，也可能会遇到第一章内容中提到的五大挑战——精力低下、焦虑和烦躁、平静的绝望、缺失亲密的联结、缺乏生活的意义。在这样的状态下，孩子将很难得到有力的支持。

如果哺育者的内心是充实的、有内涵的、多层次的、有安全感的，孩子就能得到很饱满的力量，孩子也不用改变自己去取悦哺育者，而是按照自己的节奏去发展自我，做他自己。

我期待哺育者可以多花时间听听自己内在的声音，去思考如何提供精神哺育给自己的孩子。我并不想让大家去进行自我批判，认为"原来我这么做才对"，只是想提供一个更加开阔的视野来看待我们和自己的关系。

我一直相信，每一个妈妈都是最好的妈妈，她在每一个当下都穷尽了自己的资源，做了系统中最优的选择。

在养育的过程中，妈妈和孩子一起成长，会遇到越来越多的同行者。当你打开了感官，这些遇见就会对你的生命产生作用，尤其是你有意识的主动的选择，将带给你更多的"我做主、我选择、我负责"的精神自由。

养育使命

在养育孩子的过程中,成年人也得到了不断的成长。我们通过和孩子相处,会有机会获得这样的觉察:"原来我是这样想的""原来我是这样一个人"。

我在成为妈妈之后才发现自己在生命面前是那么渺小。我每天陪伴、见证孩子的成长,他从不会讲话到现在每天和我们自如地对话,我在一旁看着他,好像我自己的内在小孩也得到了成长。孩子帮助妈妈唤醒自己,我深刻地体验到孩子在身心灵这三个方面是非常饱满地来到这个世界上的。作为妈妈,我反而很有可能在养育的过程中做了一些削弱他力量的事。我越来越觉得,我的孩子是引领我的老师。

所以当我不知道如何和孩子相处的时候,我就什么都不做,陪伴他、跟随他就好。在这个过程中,孩子会让我思考我和他人相处的模式,我和我内在小孩的关系,我和我父母亲的关系,和丈夫的关系,还有和孩子的关系。

孩子在"用生命影响生命",孩子不断地帮助我去发现自我,去寻找"我是谁"的答案。

从这个层面来说,在精神成长方面,我们和孩子是相互哺育的。孩子灵气十足,我们完全可以相信孩子可以引领我们之间的关系。这样做的时候,我们可以更多地从美学的角度而不是科学的角度来看待问题,同时也可以缓解我们内在的焦虑。

减少养育焦虑,可以帮助父母不必费尽心力去构建所谓的早教环境，而是关注如何提供早期养育中的安全感四大支柱，这会让孩子身心健康，茁壮成长。

我遇到一个奶爸，在孩子刚刚出生三四天的时候来问我是不是可以每天和孩子讲英语。还有一个孩子是在出生四五个月时就被父母带着奔波于几个地方去上课，他们来找我咨询如何可以让孩子赢在起跑线上。

一般我会问他们："为什么觉得早教那么重要？为什么赢在起跑线上是一件需要努力的事？这和你们自己早年的经历有关系吗？你们是否曾经受到过相关的养育压力？"常常在咨询结束时，来访者会有一个发现：这样的急迫感和他们自身的成长经历有关，他们可能更需要去照顾那个因为做了父母之后被唤醒的自己的内在小孩，那些经验可能是带着创伤的，他们急于通过孩子来修复自己的创伤经历，这无疑会抑制孩子本身的生命力和发展需要。

我们不能通过孩子来复制自己的人生或者满足自己未曾实现的愿望，否则孩子来到世上，无法为自己而活，那样的感受将会是非常绝望的。

在这样的情况下，孩子真实的样子也很难被父母所看见，一个不被父母看见或者父母拒绝看见自己的孩子，常常会活在愤怒和内疚之中。愤怒于自己不能活出自己，内疚于活出自己就可能背叛父母的期待，这样的痛苦会撕裂孩子。

唤醒自我，不仅仅是对孩子说的，也是对养育者说的。找到自己，成为自己，这是生而为人的意义之一。当我们可以去关注自己和孩子的精神层面时，就可以更多地看到养育行为背后自己的需要，这会给我们和孩子很大的内在支持。

精神独立

如何让自己的精神充实呢？如何发展自己的精神生活呢？我的回答可能比较玄妙：当你开始思考这个问题的时候，改变就已经发生了，关于这个领域的探索经由这两个问题便已开启。

如何去发展我们的精神生活？这是一件很重要的事。我们首先要有意识地去看看目前的精神生活是什么样子的；我们的精力是怎么分配的；我们的精神生活的内容是什么，我们在其中的体验是什么；我们的精神生活是如何帮助自己和孩子相处的。这些更进一步的自我提问可以帮助我们了解现状，并意识到如何更进一步提问：我们如何改善现状？这些都和我们的时间管理密不可分。

我曾在时间管理课程里，邀请学员以 15 分钟为一个最小单位来记录自己的时间分配。有一位妈妈分享了她的记录：1 个小时的家务里，包含 15 分钟备菜，15 分钟拖地，15 分钟整理衣物，还有 15 分钟给孩子手洗衣服。她通过对这 1 个小时笼统的拆分，才发现家务是可以精细化的。因为这个简单的发现，她在时间紧张的时候，例如只有半小时的时候，就知道了可以如何安排让自己的时间更高效。

通过这样的记录、观察和思考，这位学员既对现状进行了细致的观察，又对未来进行了设想，这个过程本身就是发展精神生活的一个训练。常常训练自己，思维的转化就能顺利地迁移到生活的其余部分。

当我们越来越注重自我提问的训练，我们就可能会发现，有的人需要增加独处的时间，或者需要通过和伴侣的相处来增加精神力量，或者需要多去博物馆看看艺术品，或者需要在清晨一个人待一会儿，或者需要用读读书、写写字等方式来给自己充电。每个人的方式都可能与众不同。

如何让我们的灵魂和精神丰满充实？首先需要意识到，这是一个可以努力的方向，我们可能会由此产生一些新的追求，并在追求中形成一些新的理解。当新的理解由外到内进行工作的时候，我们的生活就会产生一些改变。

与孩子进行精神联结是带给孩子安全感的重要方式。当养育者可以在繁忙的生活中，不断地回到自己的内在，不断地进行自我管理、自我充实、自我滋养，就可以建立一种氛围和环境，从人、地点、日常行为、习惯这四个方面给予孩子稳定的支柱。

有一句话是"攘外必先安内"。如果我们经常在亲子关系中感到有冲突、不自在，感到难过，这个是"外"，那么"内"就是父母的内心世界。

只要你愿意去探索这个主题，改变就会由此启动。我们可以用三种态度——科学的、实用的、美感的——来发展自己内在的精神空间。

第四章

时间管理

Chapter Four

时间是生命和关系的容器，你将时间放在什么地方，什么地方就是沃土。爱自己、成就自己都需要花时间，如何运筹时间来支持自己是这一章的主体内容。

大家可以看到，从这一章开始，我们进入到非常具体的实操层面，这需要你去练习。

这一章的内容分为四个大的部分：

第一部分讲述为什么说时间是生命和关系的容器。

第二部分引导大家思考两个问题：我要成为什么样的人以及我要留在什么样的关系中。我希望这可以用来梳理我们和时间的关系，从意识层面对个体和时间进行分离，而不是无意识地被裹挟在时间洪流之中，被动地管理时间。

第三部分讲述时间管理的核心技术：时间统计法。这一部分将从三个核心要点对时间统计法进行拆解。这是我从小被父亲要求使用的时间运用方法，幸福日志也脱胎于此。后来我在《奇特的一生》一书中，找到了十足的共鸣。如果你比较急切地寻找方法，可以先从这个部分开始阅读并实践起来，实践一周以后，再回来读本章的前两个部分。

第四部分将基于时间统计法的自我观察和自我反馈的过程，提出简化人生的概念，让时间更精准地为我们的人生服务。

我建议大家按照行文顺序进行阅读，这更有助于大家理解我的体验和观察的逻辑，进而支持大家进行自我观察和自我反馈，帮助大家更加有意识地进行主动选择，以助力于个人丰盛自我的实现。

第一节
时间是生命和关系的容器

时间效能

时间真的可以被管理吗？不能！因为不论你管理与否，时间都自有其节奏，自然流逝，不会因为你的介入而改变自己的运行规律。时间是一个单向的、线性流动的存在，它在我们生活中是没有办法卷曲、存储和叠加的，因此，时间没有办法回溯或者积累之后再使用。

时间看似开阔又平等，但它又给了我们"只有今天"的局限性。这就需要我们提升选择的能力，选择如何在时间里投放精力的能力。所谓的工作生活两平衡只是个伪命题，在现实生活中没有平衡，只有选择。

时间对每个人真的是非常公平，完全没有高低贵贱之分，没有年龄大小之分，没有性别之争。时间让每个人每天都有 24 个小时，这是每个人都拥有的完全相同的资源。虽然它完全不能被管理，但却可以被运筹！我相信，同样的 12 个小时，同样的 10 件事，让 100 个人来做，一定会得到至少 100 个不同的分配方案。每一天不同的时间分配，让我们每一个人的生命状态和关系质量经过时间的沉淀，变得千差万别。

角色期待

时间使用背后对应着每个人内在的角色选择和分配。内在角色的分配和期待会导致关系中的双方发生互动，而这个互动会直接地让我们在时间上去重叠。从这个角度来说，时间管理需要管理的不是时间，而是角色与期待。你的角色和对应的期待决定了你要与他人重叠多少时间，以什么方式来重叠时间。

在有限的时间资源里，通过对角色期待的管理，来决定我们投注的时间比例，从而使我们的生命呈现出有意识选择之后的状态。

第二节
我与时间的关系

我们是不同的人。每个人对自己生活的定义不一样，每个人的生命发展阶段不一样，每个人的精力水平不一样，每个人对每件事的期待不一样，每个人所处的情境不一样，每个人的能力状态不一样……这些"不一样"决定了我们使用时间的方式一定是不同的。

一个人单身的时候和当了父母之后，对时间的体会应该是很不同的。做了母亲，身份达到空前的复杂程度：自己、妻子、母亲、女儿、儿媳、雇主、员工、闺蜜、用户、学生，等等，每一个角色都希望可以多要一些时间，三头六臂仿佛都不够用的时代来临了。

然而，仔细算算，我们和时间相处也有二三十年了，看上去应该已经有充分的相处经验了，可为什么我们还是总会感觉时间不够用呢？

在我们进行具体的时间管理操作之前，很有必要先来看一看我们和时间的关系。这时，我们可以问自己一些有趣的问题：

如果时间是个人的话，我和时间的关系怎么样？是亲密的还是疏远的？我和时间是朋友还是主仆？

我可以做些什么，才能改变自己使用时间的思维定式？

我做什么会影响时间分配的行为方式？

有没有更好的选择呢？

这些问题的答案对应着我们对自己生命的理解，对关系的理解。

我要成为什么样的人

对时间使用的思考，首要的就是"我要成为什么样的人"，这对应着我希望自己有什么样的生命状态，我对自己有什么期待，这是"我"的事。

我们越愿意花时间去和这个部分对话，就越能得到一个暂停下来思考人生的空间，而不是忙忙碌碌无意识地去生活。"我要成为什么样的人"其实就是在向自己提问：我要去哪里？

《爱丽丝梦游仙境》中那只老猫的回答意味深长："当你不知道你要去哪里的时候，走哪条路都可以。"

对生活意义的思考可以帮助我们在行进之时更有意识，同时，没有目的的生活也并非总是灾难，要看用什么心态来进入生活。

没有方向的船，可以如古人所说的"泛若不系之舟"，不知道要走哪条路的时候，走着走着，路也就在脚下了。

条条大路通罗马。如果你是一个喜欢先思考后行动的人，向自己提问可以很有效地帮助到你；如果你是一个先行动后反思的人，在反思的过程中，引入以上的简短问题，将会更好地支持和调整你的行动。

没有哪种文化不关心"我是谁"这样的终极思考，无论是以上哪个路径，都会帮助我们向这个终极问题靠近。

第四章
时间管理

在靠近的过程中，如果我们可以更有意识地觉知到自己在向这个方向靠近，那么，灵性之光就照进了我们的内在，我们将会更加主动地陪伴自己，让时间更好地为我们的生命状态和关系质量提供支持。主动选择的自由感、力量感将会大大地丰盛我们的每一个选择，生活将是主动而积极的，而消极和无意识的选择所占据你的时间和精力的比例会大幅下降。

这意味着，你极有可能在有限的生命里，尽可能地舒展你的自由意志，进而把你的未来、才华、希望，这些人生中最美好的东西悉数投注到你的人生里，你将拥有实在而积极的心灵来引领自己的人生，因为，你可以为自己而活。

加缪说："生活就是透辟地理解。"这句话完全可以应用到对自我使命的探索上来。找到"你要成为什么样的人"这个问题的答案，你自然就会花时间去滋养它，丰盛它，从而成为你自己。

我要留在什么样的关系里

对人生方向思考之后，紧接着便是"我可以怎么做"。怎么做对应着我们会使用什么身份进入做的实践部分。我在第一章中写过身份对应着人的关系，从这个视角来说，一个更加简单的问题就是："我要留在什么样的关系里呢？"

这时，你可以使用生命关系罗盘这个小练习（见图4-1和图4-2）来检视自己的所有身份对应的关系，并对每一个关系进行深入的思考：这个关系要保留吗？这个关系花了我多少精力去维护？现在质量可以打多少分？我希望到多少分？我怎么做可以让分数从现在的状态变为自己希望的状态？

练习：生命关系罗盘

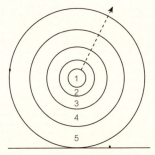

图 4-1　生命关系罗盘

1. 在横线以下罗列出你能想到的所有角色和身份，请不要忘记写出"自己"这个角色。
2. 根据你内心每个角色的重要性排序，在罗盘上分配相应的弧度。
3. 根据你目前对每个角色投入的时间和精力，按照1、2、3、4、5在罗盘上分配分值，并勾画出你的现状罗盘。
4. 根据你理想中对每个角色期望的精力和时间投入，对时间和精力进行重新分配，并思考如何做，可以达到你的理想状态。

个人关系罗盘举例

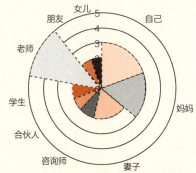

现状罗盘

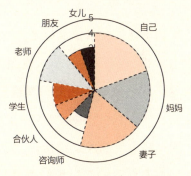

期待罗盘

图 4-2　个人关系罗盘举例

排序与现状及期待分析数据

角色排序	弧度百分比	现状分值	期待分值
自己	19%	3	4
妈妈	18%	3	4
妻子	17%	2	4
老师	11%	5	4
咨询师	8%	2	2
学生	8%	2	3
合伙人	7%	2	3
朋友	6%	2	3
女儿	6%	2	3

生命关系罗盘可以直观地帮助我们看到自己的多元身份，并能在现状和理想状态切换中，考虑自己是否要简化关系的组成？是否要简化关系的精力投入？这两个问题非常重要，它们决定了我们在时间这个容器里放什么内容进去。

第三节
使用时间统计法逐渐成为理想中的那个人

我从小就被父亲要求记账，记零花钱的使用去向，等我上学之后，他会有意识地询问我的时间使用方式。我母亲要求我记日记。后来，记录这个方法也给了我书写幸福日志的灵感。再后来，我学习系统家庭治疗，"记红帐"也是其中一项非常重要的治疗技术。

通过我个人的成长经历以及这几年学员的反馈，我深刻地体验到记录可以帮助我们简短地回顾过去，以便更好地理解现在，进而更好地走向未来。

时间统计法是我这几年在幸福日志之外，让学员用得最多的工具之一。细心的你一定也看到了，幸福日志其实也是记录法。

正如前文所说，你将时间放在什么地方，什么地方就是沃土。如果你将记录的对象定为幸福观察，生活必将回报你以幸福的日子。你将记录放到时间这里，时间必将回报你以高效能高质量的丰盛人生。

读到这里，我想问大家一个问题：你们准备好挪出时间让自己去做去实践去成为自己心中要成为的那个人了吗？

这个问题的答案反映的是什么呢？反映的是你是否确定要学习什么，并且会为学习挪出时间。反映的是你对时间容量的感觉程度——你有对时间的把控和预期能力。

另外，它还反映了你对这本书的参与程度——你为阅读这本书留出了时间，这意味着你其实也准备接受书中可能需要去做去实践的意愿和精力。

我很感谢你正在花时间阅读我的分享，我期望你可以为自己每周挪出3次，每次至少5~10分钟的时间来尝试下面我将要介绍的时间统计法，我希望你可以通过真实的对自己时间使用的观察，获得去做去改变去升级自己生命容器的动力，而不是处在对过去的不满和对未来的焦虑之中。

去做去实践去成为，这是我非常信奉的人生信念。时间统计法和幸福日志也恰好是我用了十几年的工具，记录的方法为我的人生带来了极大的帮助，也极好地支持到了成千上万的相信这个方法的人。

学习时间统计法，让我们先从了解时间统计法的核心三要点开始。

感知时间，建立与时间的关系

时间统计法是几乎所有的时间管理课程都会提到的一个基础练习。但很多图书往往用大量篇幅去介绍高大上的时间管理工具，少有书籍着重讲述此法的功用和重要性。

时间统计法看上去很简单，不就是把事情按照发生的先后顺序记录下来吗？这让很多学习时间管理的人会觉得这个工作很烦琐，同时怀疑自己只是记录时间使用而无法切实提高时间效能，往往做几下就

第四章
时间管理

奔着那些高大上的方法急切地开始练习，例如甘特图，按照紧急重要二分法来安排事情，列事情清单，做每天每月每周每季度每年的计划，等等。

我遇到太多这样的学员，她们花了非常多的时间来学习时间管理，也实践了大量的方法，可还是感觉时间和自己的关系很糟糕，依然觉得时间不是自己的，那些计划到最后居然是废纸一张不说，还大大地挫败了自己管理时间的信心。

那么，为什么时间管理看上去对很多人来说是一个比较困难的事情呢？问题出在哪里呢？经过多年对他人的观察和自我实践，我发现，要想让计划和高大上的时间管理表格有用，我们必得先和时间建立起关系。

首先要能感知时间。就像谈恋爱一样，你若对一个人感兴趣并想和他进一步发展时，你一定会花时间去了解对方的喜好、对方的秉性，并考虑自己怎么做可以让双方都感觉到舒适愉悦。

时间管理也是如此，我们要去"管理"时间，就需要了解时间是以什么方式在自己的生命中流逝的，我们在其中的感受如何？我们和时间的关系如何？我们是否能感知到时间？这是让时间成为生命和关系的良好容器的必经之路，这条路走得越踏实，生命和关系就越丰盛。这个基础如果没建立起来，可以说，时间管理技巧都是浮云，而所谓的对时间管理方法的学习将会变成你忙碌生活中另外一件让你忙碌而缺乏意义的事。

那么，如何感知时间，并建立和时间的关系呢？还是前文不断重复的两个字：观察。只是在这个部分，观察需要显化为文字记录的形式。巧妇难为无米之炊，没有如实如是的时间花销记录，我们就无法客观地观察自己的时间流动轨迹，也就更无从去谈管理了。

时间统计法可以帮助我们建立感知时间的感觉，让我们清晰地知道什么时候发生了什么。如果不做这个练习，我们可能连昨天刚发生的事情都很难记得。通过练习，我们会有意识地观察自己使用时间的方式，这本身就会拉近我们和时间的距离，让我们融入时间里去，这份融入可以让我们更容易了解到自己以及周围的人是如何通过时间和我们互动的。

也就是说，在时间这个大容器里，我们终于可以渐渐看清自己放了什么东西在里面，喜欢放什么在里面，别人是如何配合我们放这些内容的。我们越清楚地感知到时间对自己生命和关系的容纳，就越有机会得到选择的能力，也就越有可能去思考这几个问题：

> 我能做出哪些改变？
> 今天该做些什么，才能改变利用时间的思维定式？
> 我做什么才会影响时间分配的行为方式？
> 有没有更好的选择？

对这些问题的思考不会马上让我们得到巨大的改变，但它们会启动我们和时间之间的主动互动。这意味着，我们将开始让时间为自己服务，而不是驱赶着自己去迎合时间。

这样的思考必然需要时间记录的帮助才会完成，没有捷径。

就像小孩子学习走路，没有别的办法，只有多练习，后面才可以走得好、走得快。如果他的肌肉没有得到训练，告诉他如何跨栏和奔跑是没有意义的。

我个人坚持使用时间统计法有十几年的时间了，现在虽然无法做到天天记录，但对时间已经有了比较好的感觉，大部分时间都能跟随自己内心的意愿生活，很多人很佩服。其实这个世界上有一个人坚持每天使用时间统计法56年，直至82岁高龄离世，这个人就是俄国著名的生物学家柳比歇夫，他同时也在数学、天文、哲学领域颇有建树。可以说"时间统计法"成了柳比歇夫生活的骨架，不仅保证了高效率，也保证了其旺盛的创造力！

柳比歇夫通过时间统计法形成了一种特殊的时间感，他借助于一种内在的注意力，可以感觉到时针在表盘上移动。对他来说，时间的急流是看得见摸得着的。他非常清楚只有时间是他自己的财产，他总是心中有数，浪费了多少时间，是怎么浪费的，为什么浪费的，都在他的时间统计记录中一目了然。

柳比歇夫通过时间统计法获得了不同的时间感，他热爱时间，珍惜时间，不是把它当作工具，而是把它看成是进行创造的条件。在他看来，对待时间的态度甚至是个道德问题。

我在他的故事里寻找到了更多坚持记录的勇气，这十几年我也确实通过记录幸福日志而愈发感恩时间给予我的馈赠，我的学员们也开始使用记录的方法检视自己的生活，她们的反馈非常积极有效。与时间建立一种新的相互关系在任何时候都不算晚。

如果做一个表格，时间统计法就是三列：时间+时长+事件，每天记录即可。然后可以依此每个星期做总结，每个月做总结，到年底做年度总结。年度总结会把这一年中做的所有事情统计出来清楚地显示出时间的用途，了解自己在一年中能做成多少事情。这样，时间统计法就有节奏地，以节拍器那样无休止的方式，嘀嗒嘀嗒地计算着一年年，一月月，不会让人忘记时间在飞逝。

一个学员说她以前觉得早上的时间非常紧张，做了时间观察记录之后才发现，她每天早上在厕所看手机的时间就有10~20分钟，有了这个发现之后，她第二天早上就进行了调整，结果，她早上在马桶上的时间变成5分钟左右，这带来的直接好处就是，送孩子上幼儿园时，可以有时间散步了，过了一段时间，人也不那么焦躁了。

另外一位学员说她通常要花30分钟去处理孩子不愿意做作业的情绪，情绪处理好了，孩子的作业20~30分钟就能完成；如果情绪处理得不够好，可能就是1~2个小时的拉锯战。当她观察到这个让她每天都头大的"辅导作业时间"是这样构成的以后，她接受了我的建议，每天辅导孩子做作业之前，将30分钟的情绪拉锯变成和孩子的游戏时间，经过几天的实践，她整个人的身心状态变得平和了许多，孩子也不再较劲了。

我相信你可以从以上的例子中看到，通过时间统计法，我们可以更好地感受到时间的流动，以及如何从一个全新的视角来看待时间中的自己，得到新的启发。而这些启发，必然要来自对时间的观察，所以记录是基础，是时间管理中无法跨越和忽略的部分，也是最为核心的技巧。

读到这里，就请准备一个笔记本和一支笔，开始愉快地记录吧！我特别期待你能使用时间统计法去感知时间的奇妙，并能和时间建立一种全新的关系。

第四章
时间管理

关注有效的工作时间，进行分类和统计

第一个要点谈论的是记录时间开销这个工作，其重点在于"开始记录"这个动作，让记录带领你感知时间，并与时间建立全新的关系。第二个要点要谈论的是针对记录需要去做的观察和分析。

踏实丰厚的记录资料可以为我们提供观察自己运用时间的数据，这些数据显示了我们生命和关系的形态，如何观察和分析将为实现我们心中期望的改变提供动力和支持。

希望这个部分提供的小方法可以帮助大家对自己的记录产生更有趣的观察和分析，进而对下面的这几个问题有更加清晰的，结合你个人特点的，可以在生活中操作的答案：

> 我能做出哪些改变？
> 今天该做些什么，才能改变利用时间的思维定式？
> 我做什么才会影响时间分配的行为方式？
> 有没有更好的选择？

这些方法都很简单，"少即是多，慢就是快"的道理在柳比歇夫运用了56年的时间记录中得到了完美的体现，所以，我也希望愿意去做去实践的你，安心尝试这个经过验证的看上去朴拙无华却威力无穷的好方法，每天挪出一些时间来为自己进行时间统计。

如果说记录时间开销是时间统计法的基础，那么关注有效工作时

间并进行分类就是时间统计法的灵魂，是分类让时间统计法为改变提供基础，也是分类让时间统计法为自我观察提供了有意识的指导。

分类有很多方法，这里主要借鉴柳比歇夫的有效工作时间的分类法。

柳比歇夫把一个昼夜中的有效时间算成10个小时，分成3个单元，对应在3类工作任务上。第一类包括写作、研究和例行工作；第二类包括非科研性的活动；第三类则是需要创造力的任务。每项活动占据的时间必须与其重要性相称。他通过记录来分析每项任务的有效工作时间。

那么，结合你在生命关系罗盘中练习的结果，我的建议是这样的：

第一类任务是与你的个人使命相关联的工作，这部分工作可能会对应着多重角色。以我为例，我的个人使命是致力于支持女性自我成长，促进家庭和谐幸福。这个使命对应着我的家庭治疗师、优势教练、合伙人、讲师这几个角色。所以只要是和这几个角色有关的工作都会被纳入到第一类任务中来进行统计。

第二类任务是与你生命关系罗盘中排序出来的首要角色相关联的工作。对我来说，在生活中我最重要的角色是三个：自己、妻子、母亲。所以每一天我会分配不同时间在这三个角色上，例如照顾自己、独处；和先生沟通，倾听他；陪伴孩子，与他做游戏、读绘本等。一般第二类工作要比第一类工作所用的时间多。

第三类任务是创造性的探索。例如对于讲师这个角色来说，如何更有创造性地让课堂更开放？对于母亲这个角色来说，如何让一本绘本更好地被孩子所理解和接受？这类工作的时间比例会相对较少。

根据与学员的互动，我发现大部分人的时间花在了第二类任务上，并且因为角色排序不清晰，导致非睡眠时间中的绝大部分耗费在第二类无意识的忙碌之中。

另外，在关注有效工作时间的同时，也要对时间进行无分别心的观察和记录。即在必须关注一切有效时间的同时，也要通过记录洞察时间中一切隐藏的角落和空白点。每个小时都是生命的一部分，这个小时和那个小时是平等的，每个小时都需要被记录。

看得到时间的所有走向，将更好地支持你有效地利用时间。经过一段时间的记录和分类统计之后，你可能会发现自己时间使用模式中的黑洞，原来自己其实有很多可服务于自己目标和重要角色的时间能够被释放出来。

以上两点，是时间统计法中的灵魂。

知行合一，保持专注

经过对时间开销如实如是的记录，再历经分类和统计，这样你会得到一个对时间使用模式的直观认识，这个时候，你可以再一次思考如下几个问题：

> 我能做出哪些改变？
> 今天该做些什么，才能改变利用时间的思维定式？
> 我做什么才会影响时间分配的行为方式？
> 有没有更好的选择？

这个时候，我相信你至少可以找到1~3个可以在生活中进行尝试的方案来实现你在阅读本章时写下的期待。如果这些尝试可以带给你更多的信心，你会得到自我奖励，并愿意自动自发地去坚持，这是发自你内心的主动选择，这个过程是非常美妙的。而知行合一、保持专注也就在你一次次地重复对自己更有效的时间使用方式之中产生。

例如，我有学员用念诵祈祷文的方式来替代坐马桶上刷手机的30分钟，发现家庭关系无形中开始变得和谐，她就愿意坚持这个替代方式。两周以后，她说如果当天不念祈祷文，好像这一天就缺了点什么。这时候，新的时间使用方式就融入了她的生活，也为她所期待的家庭和谐的目标做出了巨大的贡献！因此，她更有动力坚持这个新的时间使用方式，并且因为这是让她内心愉悦的方式，几乎不费力气就知行合一了。

生命中的新经验再一次需要通过暂停下来做记录，进行分类和统计来进行自我反馈，进而选择保留新经验进入良性循环，如图4-3所示。

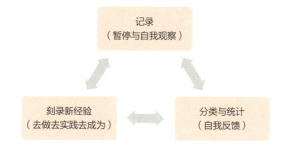

图4-3 时间统计法三要点的关系

之所以说第二要点分类与统计是灵魂，就在于这是一个自我反馈的过程，是自己当自己老师的过程，这是一个人主动性的极大体现，但凡经过这个过程的学习者,基本都会有去做去实践去成为的勇气。

柳比歇夫的一生也证明了连续系统地使用时间统计法,可以帮助一个人把人生中美好的期望、才能集中于一个核心使命上,并取得超越天才的成就。当然,我们不求成为天才,只愿可以有效地使用时间,并能够在其中活出丰盛的自己。

- **实践分享:2016 年生活的样子**

下面是我在 2016 年最后一天写下的文章,系统地总结了 2016 年的生活,也表达了自己对 2017 年的期望。

2016 年即将过去,又到年底回顾的时候了。这是我脱离组织作为自由职业者生活的第三年,这一年的关键词是这两个:深入生活,断舍离。

在我 38 年的生命中,没有哪一年像 2016 年这样投入了巨大的热情和时间在生活里,也没有哪一年像今年这样边走边放下,对自己在各个层次、各个面向不断检视,不断进行断舍离来帮助自己保持基本需要。

这是清爽的一年。

回顾 2015 年 12 月 28 日我所做出的 2016 年规划,除了计划学习摄影和中医未曾正式开展之外,其余各项都如期地按照节奏进行着。站在 2016 年的终点,我对自己这一年感觉平静而满意。

我基本每一年都会有年度回顾、年度计划。过去在职场的时候,还会有周计划、月计划等。现在的生活,除了授课培训要与机构或者学员交往,基本的时间都会放在生活里。对生活我向来没有太多计划,只是跟随身心灵三个层面的需要随心所欲地流动。由于我有记录幸福日志的习惯，因而对生活有一些散漫记录。我花了一些时间进行统计，回头来看，觉得很是有趣。

授课：111 场，覆盖 58 446 人次，课时 275 小时，包含家庭治疗的咨询服务。2015 年授课 120 场，课时 275 小时，接触 31 350 人。很神奇的是，课时一样。然而 2016 年的授课集中在上半年的 4 个月（排除春节前后的两个月），2015 年则集中在 4~12 月。也就是说，今年我用 4 个月的时间就基本完成了去年的授课量。2017 年我将减少授课时间，计划控制在 208 小时以内，纳入专业分类。增加咨询服务的时间。节约自己，做好断舍离。

2016 上半年我基本退出各个深入合作的机构，为创立新机构挪出空间，参与运营工作 248 小时。2017 年我要转换身份，脱离运营和团队管理的角色，回到自由工作者身份，为专业工作挪出空间。此部分时间控制在 50 小时以内，纳入专业分类。

学习：19 场，337 小时，花费 76 379 元。2015 年外出学习、接受培训、个人体验共用 268 小时，花费 29 950 元。2016 年的学习主要投入在优势教练、游戏治疗、身体治疗、写作治疗、家庭治疗及各种无用之用的课程里，2017 年将聚焦在女性成长、身体治疗和家庭治疗领域，同时缩减学习的时间，增加对过往培训的内化与延展、实践。此部分时间控制在 100 小时以内，纳入专业分类。

写作：69 篇，发布在公众平台上，几百篇生活手记发布在个人朋友圈里。2015 年写作 90 篇，每天微信朋友圈记录幸福日志 N 篇。2017 年计划每周 2 篇公众号文章，希望不少于 100 篇。幸福日志继续记录，发布在个人朋友圈。预计专业写作计划 100 小时，生活美育计划 100 小时，分别纳入专业拓展与生活美育分类。

第四章
时间管理

读书：读完25本，15本正在进行中。2015年读书41本。2017年计划读书不少于50本，并希望每本书都能写笔记或者书评。同时，专业领域书籍计划不少于25本。此部分专业类阅读250小时，其余类别250小时，分别纳入专业拓展与生活美育分类。

以下分类归属于家庭服务、生活美育、健康投入类，2017年基本会与今年持平。

旅行：24次，约90天。2017年预计会减少，但不会减少太多。

插花：23次，有作品的拍摄和记录，用时60小时。其中不包括日常随意插花作品。2017年将每周至少1次。

书法：练习35次，用时71.5小时。2017年计划每周进行2~3次书法练习。

绘画：83幅，用时105小时。2017年将继续随兴而画，依然不做任何学习班投入。

音乐会/话剧/舞剧：6场，保持两个月1次的频率。2017年将不低于这个频率。

烘焙：13次。2017年计划每月至少1次。

做饭：不少于200天。2017年估计还会增加。

睡眠：每日平均7小时。继续保持早睡早起这个好习惯。

锻炼：游泳、健走、跑步、瑜伽、静坐、遛狗每日或每周进行。2017年将增加午休时间。

会友：每周1~2位朋友面对面深入交谈。2017年继续这个频率。

陪伴家人：平均每天2小时。2017年此部分时间肯定会增加。

电影：不少于35部。2017年估计也会增加，每周估计不会少于1部。

电视剧：追了 3 部韩剧。此处不做计划，完全跟随先生的喜好。

……

以上是 2016 年的时间花销记录，大致的时间容量为 7404 小时，而 2016 年总容量为 8760 小时，也就是说，我对自己 85% 左右的时间都有记录，另外 15% 的时间则大多用来处理杂事了。这样一列，就清楚地看到时间去哪了。

2017 年，我对每天时间分配的期望如下：

愿景：支持女性自我成长，支持家庭和谐幸福。

关键词：专业深入，断舍离。

2017 年每日时间分配计划

工作分类	方向	百分比	每日时间分配	年度时间累计	内容	计划用时
1	专业拓展	10%	2.5 小时	876 小时	女性成长支持，家庭治疗咨询，优势辅导个案	708 小时，留白 168 小时
2	家庭服务	29%	7 小时	2 540 小时	做饭，做家务，陪伴家人	2 540 小时
3	睡眠	29%	7 小时	2 540 小时	早睡早起	2 540 小时
4	健康投入	15%	3.5 小时	1 314 小时	瑜伽，游泳，健走，篮球，静坐，午休	1 314 小时
5	生活美育	7%	1.5 小时	613 小时	所有好玩的事	350 小时，留白 263 小时
6	留白	10%	2.5 小时	876 小时	发呆，机动时间	876 小时

根据目前的计划，2017年留白时间总计1 307小时，好期待生命给我的礼物。我希望某一天当我站在自己人生终点的时候可以一如既往，赤诚善良，可以无憾无悔，平静踏实。因为，我一直在踏踏实实享受我的时间。

第四节
简化人生

当你通过时间统计法获得"暂停记录、自我观察——统计分类、自我反馈——新经验、去做去实践去成为"的良性循环体验之后，你将必然从暂停去记录的自我观察中看到"我不要"的部分，从统计分类的自我反馈中看到"我要做"的部分，从新经验的去做去实践去成为得到"我想要"的部分。

这是从无意识到有意识，从被动到主动的"我做主，我选择，我负责"的路径，这将会极好地支持你简化自己的人生。

用优化的视角来看时间记录

最简单的时间统计法就是记录时间＋时长＋事件，你可以在此之后继续在愉悦度、优化方向和角色这三点上深入观察和自我反馈：

- 愉悦度

用1~10分来表达这件事给你带来的愉悦程度，然后计算平均分

（高于 8 分代表你和时间的关系还不错）。

- **优化方向**

删除某类事件或者角色；

保留某类事件或者角色；

优化某类事件或者角色。

- **角色**

你在这个事件中使用的主要角色是什么。

如果你可以间或甚至持续地对自己的时间记录做这样的自我反馈，你一定会有更加深入的自我对话。这样的对话，将会帮助你认真地检视自己的生命和关系，做出进一步的选择，这个思考过程其实就是简化生活的内在准备过程。

以愉悦度举例。通过记录和进一步对愉悦度的自我观察和反馈，你就可以看到自己的身心状态是怎么样的，这样你就有可能得到一个选择的机会：下一刻或者明天，你要做哪些事可以让你感觉愉悦并高效。另外你也能得到一个机会：这件让自己糟心的事情已经发生了，你可以怎么改变一下，让这件事不再发生或者发生的时候可以舒服一点。

由于本书的读者对象是妈妈们，所以在时间管理方面还需要考虑到如何帮助孩子有自我管理的能力，进而给妈妈们释放更多的时间。

所以，我会鼓励大家继续在时间统计法的基础上进阶。从积极心理学的角度，我建议大家将关注点放在孩子和自己都舒服的事件中进行自我观察和自我反馈。

请记住，多寻找那些孩子舒服、自己也舒服的事件，这是亲子关系顺畅的时刻,对应的事件也是被亲子双方一起欢迎的,这会让我们更有动力从中找到好的适合自己的管理方法。我相信大家的生活里一定会有这样的时刻,哪怕只有 1 分钟,也请记录下来。

如果你更多地去观察孩子的时间使用情况,你或许还会惊讶地发现:孩子只是在某些事情上磨蹭,而有些事,他们充满了热情,还会忘掉时间。

请多多地去回顾和发现这些事情,也请你记录在你的时间开销记录里。

下面,我给学有余力的读者提供一些可能需要重点观察的亲子互动时间段:

> 节点 1:孩子起床时;
>
> 节点 2:孩子早上出门前后;
>
> 节点 3:孩子放学离校后;
>
> 节点 4:孩子回家后;
>
> 节点 5:孩子做作业时;
>
> 节点 6:孩子入睡前。

小宝宝再增加一个午间休息前。每个时间段都以 10 分钟为一个长度即可。

建议学有余力的你在做时间记录的时候,重点对这几个时间段进行自我观察和反馈。

这个方法可以帮助你和时间进行分离,用第三方的眼光来看自己和孩子的关系，得到一个观察的空间。这个方法也可以帮助你分析自己是如何运用时间的，你使用时间的时候通常对应着自己什么习惯和偏好，你通常会如何评价自己和事件的关系，也会帮助你看到孩子的样子——他真的拥有使用自己时间的自由吗？

下面是一些学员做了亲子交互时间段的时间开销记录，再进一步进行自我观察之后发给我的反馈：

学员 A 说："当我自己有事赶时间的时候就很容易催促孩子。早上的经过回想起来很像是我的效率问题，是我的时间利用不合理而导致的时间紧张。别看孩子不紧不慢的，其实并没有耽误时间。经常是自己的事和孩子的事交错在一起，就觉得时间不够了。"

学员 B 说："最近在早上叫儿子起床洗漱上学的漫长过程中，竟然没有发火，一直在观察他的表现……"

学员 C 在长长的生活事件记录和观察分享之后总结了一句话："我要放女儿一马！"

学员 D 说："通过实践，我对自己在某个时间做了什么事情进行了觉察和记录，才发现自己确实非常忙碌，需要处理很多方面的事宜。这样我就减少了自我批判，不会因为还有许多事没做而批评自己浪费了时间，也不会因为自己看电视剧而自我批评，我知道那是我的文化娱乐需求。这样觉察之后，竟然也减少了漫无目的刷手机的时间。因为我更明确了我在每段时间做什么。课程对我的帮助很大，我也开始关注孩子对时间的需求是怎样的了。"

学员 E 说："这期间我发现自己回答老师的提问时常想把问题的主体设定为我的先生，不自觉地就想出了很多条对于先生的'期待'，期待他能养成一些好习惯。"

第四章
时间管理

学员 F 说:"我好好做了老师要求的重要亲子互动的时间观察练习,发现 6 个节点中有 5 个与孩子都是在催促唠叨中完成的。在与孩子协商作息时间并定闹钟后,亲子关系和谐不少,也想与孩子一起制作一个作息时间表。"

这些反馈都特别宝贵,它们显示了学员通过时间记录进入到自我观察和反馈中来,这些学员都只是刚做了几天甚至只做了一天时间使用记录的人。可见,当你愿意暂停下来去观察时间的流动时,你就会找到优化的方法。相信你会和他们一样,发现勇气和改变就藏在这样一些小小的实践里。

以上练习也可以拓展到你和伴侣之间的时间分配观察里,方法类似,选取你和伴侣有交互的时间段来记录并进行自我观察和自我反馈就可以了。

从"我不要"到"我要做",再到"我想要"

时间统计法告诉我们,养成时间管理的好习惯,关键是专注于自己想做的事,而不是自己不想做的事。同时,好习惯的养成还必须认识到重复的重要性。

每一个角色对应着事件,每一个事件对应着时间。管理时间就是管理角色对应的事件。每个人的角色又对应着三个方向的事情——"我不要,我要做,我想要"。这是一个人内在意志力的整体体现。

通过时间记录了解时间都去哪儿了,进而感觉和发现"我不要"的部分;通过分类和统计进行自我观察和反馈,从而更进一步地感觉和分析,聚焦在"我要做"的部分;现在我们要来聊一聊"我想要"

的部分。

时间管理是角色管理，角色对应的是人和人之间的关系，有关系就会有期待，期待对应的就是目标。我们常常会在很多时间管理课程里学习对时间进行划分，对事件进行分类，对目标进行计划，但往往收效甚微。真正有效、纲举目张的时间管理是对时间使用者的身份角色进行管理，这是因为目标来自于关系中的期待，包含了我们对自己的期待，对他人的期待，对情境的期待等，这也是我们第一章中所谈及的自我、他人、情境这一核心关系。

请你看看自己的时间流水记录，仔细分析事件背后所对应的角色选择，然后在这一段时间里，统计自己的角色所花费时间的排序。

你一定会有很多意外的发现：自己这个角色可能早就被你遗忘了；你以为自己很看重母亲这个角色，而你在这个角色上所花费的时间可能大大少于你认为的时间，也就是说，你真正投入在母亲这个角色上的时间可能并没有你认为的那么多；而对你的情绪影响最大的妻子这个角色，在有了孩子之后，你花在上面的时间寥寥无几；如果有老人在家帮忙带孩子的，你再看看自己作为女儿或儿媳这个角色的时间又有多少呢？

在如实如是的时间开销记录面前，你将看到一个更加真实的世界：生活并非你所以为的那样，时间也并非你所以为的那样紧迫。

记录时间开销与观察反馈是非常核心的时间管理练习，我希望你可以扎扎实实地记录一段时间，并且用"时间+时长+事件+愉悦度+优化方向+角色"的方法进行分析，在观察和分析之后，你可以清楚地看到哪些事情是"我不要"的，哪些事情是"我要做"的。

经过一段时间对"我不要"和"我要做"事件的观察之后，你会

第四章
时间管理

进入到第二个阶段：更快速地判断出什么事情是你不要的，并开始对不要做的事情说"不"。拖延和紧急事件在你的生活中出现的频率会降低，你做事的效率会逐渐提升。这个时候，你的时间开始变得多起来，也变得高效起来。

完成这个阶段，你就会进入第三个阶段：真正有时间、有机会去思考"我想要"的事情。

解决了"我不要""我要做"的部分，你的生活通常就会达到一个游刃有余的状态，但决定你幸福感的不是这两样，而是"我想要"的部分。"我想要"代表着你有强烈的热情和动力，你愿意花时间去实现，这是一个人追求幸福的表达。

在时间记录与观察的练习中，我要求大家去关注愉悦度，这是为什么呢？

我们对时间的感觉与我们的身体状态、精力水平有关，而我们的情绪状态更是与此有极大的关联。我希望通过记录与观察，你能得到一个大概的印象：自己状态好的时候是什么样的？如果要维持这个良好的状态，需要去观察自己在哪些时间段比较容易开心（时间），自己在做什么事情的时候比较开心（事件），和什么人在一起会让你更开心，即选择什么角色会让你更愉悦（角色）。

这些细微的观察，可以让你成为自己的导师，你可以有意识地通过自我反馈了解到自己的生物钟、偏好的事情、喜欢的人、喜欢的环境。记录越多，就越能帮助你对自己有更真实的观察。

这也会帮助你对自己的精力管理有一个可参考的数据，你会看到自己情绪差、沟通差的时候，往往都是身体状态不好、能量走低的时候。这时候就不要去做大量的沟通，这是"我不要"的部分，在身体好、生物钟正常运转的时候，去做沟通，这是"我要做"的部分。

在你情绪好、家人互动也很好的时候，对应的就是每一个家庭成员的良好状态，这是需要维持和发扬光大的部分，属于"我想要"的部分。

说到这里，你可能对我在第一章中提到的"家庭成员不是孤岛，而是一个系统"这个观点会有更多的体会。

在每个家庭里，每个成员都有复杂的角色。每个角色都有其内在的信念与价值规则，如果你很清楚自己的角色对应的信念与价值规则的局限、要求和期待，你就会知道自己的时间需要花在什么地方以及如何沟通。

比如，孩子在你面前很乖很听话，在爷爷奶奶面前就撒泼打滚，大家往往会把原因归结于爷爷奶奶的溺爱。但这其实是因为孩子和你们相处的时候身份不一样，和你在一起是儿子或者女儿，和爷爷奶奶在一起的时候，就是孙子或者孙女。身份不一样，行为表达可能就会差异很大，这也是家庭关系对孩子行为的影响。你可能要求孩子15分钟吃完晚饭，爷爷奶奶可能会觉得30分钟吃完就很好。这就是不同的身份角色对应的期待不一样。期待不同，各自对时间花费的预期就会大大不同。

生命关系罗盘可以清楚地让大家看到自己内心身份的排序，这对我们快速选择拒绝什么、欢迎什么都很有帮助。能让这个图发挥更大作用的依然还是大量的时间开销记录与观察。

如果没有这些记录与观察的数据，就很难帮助自己客观地看到自己所选择的角色。比如，有的妈妈会抱怨伴侣不花时间管教孩子，我通常都会问对方："你们二人世界的时间大概有多少？"她们往往哑口无言。因为管教孩子是父亲和孩子的关系，这是他们各自对应的角色。当你要求伴侣来管教孩子的时候，应该启动的是你和伴侣之间的夫妻关系，而不是父亲和孩子之间的亲子关系。也就是说，你在用教育孩子的事情启动你们夫妻之间的对话。要想让这个对话效果更好，必须启动你和伴侣的关系。说来说去，良好的夫妻关系才是核心和基础。那么，良好的夫妻关系从哪里来呢？从你们彼此对这个部分的时间投入上来。

妻子要求丈夫多参与孩子教育，就需要先投入更多的时间来构建良好的夫妻关系。如果这个部分的时间很少甚至为零，你要求对方是不公平的。也就是说，从妻子或者丈夫这个角色来考虑，你为此投入了多少时间呢？

伴侣是否参与养育，单纯来看，这是他和孩子之间的关系，这是他们两个人的事。你的介入，其实是使用了他们的关系来开启你们之间的沟通，聊得不直接，还隔着孩子来进行联结。

所以，常常因为孩子吵架的夫妻，大多是夫妻之间的关系已经比较疏远了，说明两人已经不会再过二人时光，只好用孩子来做挡箭牌了。如果不做时间花销的记录和观察，我就这样直接告诉我的来访者，他们夫妻关系淡薄，他们会觉得我乱讲。但当他们每一次回去观察自己使用伴侣的身份来花费时间的情况之后，他们往往都会发现彼此之间的联结很早就断掉了，因此家里才会有所谓亲子教育和隔代抚养的困难。

所以，我真正想说的是，我希望通过时间管理可以支持到你的家庭，帮助你通过对时间使用的观察，去建设动态平衡的家庭生活。

上面我们花了一些篇幅了解了身份角色与时间分配之间的关联，现在我们来看一看家庭蓝图与时间分配的关联。

家庭蓝图与时间分配

在时间管理领域,"没有方向的船,任何方向的风都是逆风"这句话很能描绘家庭蓝图与时间分配之间的关联。很多人时间管理混乱是因为他将生命中不要、不想的事情变成了要做的事情。

举一个生活中的例子,假设你和伴侣去餐馆点菜,你不知道自己想吃什么,所以伴侣就一个一个念菜单上的菜给你听。一听这个,嗯,不要,一听那个,嗯,也不要。这是"我不要"的部分。当伴侣念到鱼香肉丝时,你说,好,这个可以。这是"我要做"的部分。这个过程往往会花费很多时间。

如果你在进入餐馆之前就知道,他们家的鱼香肉丝你最爱吃了,最好再有一份蔬菜汤就完美了。于是,你进去之后,就点了一个鱼香肉丝,一份蔬菜汤。这个过程是"我想要"。

在"我想要"这个过程里,你目标明确,知道自己喜欢什么,适合什么,快速选择,并充满期待,这个过程让你不纠结、不内耗,也让陪伴你的伴侣很快乐,他可能会觉得很好地满足了你。

这份满足和自在来自哪里呢?回到你的时间开销记录里,如果你仔细分析每个事件背后自己的身体状态、情绪状态、周围人的反应以及你自己的舒适程度,就不难看出,那些你希望维持的、舒适的状态,大多来自于你在事件开始前就有明确想法和期待并能照顾好自己的部分,这些事件大都会指向"我想要"这个方向,至少是"我要做"的部分。

因此,我才会建议你在分类统计的自我反馈部分,一定要多花时

第四章
时间管理

间去分析让你愉悦度高的事件。这个方法，可以拓展到任何一段你想处理的关系里，比如夫妻关系。拓展的方法就是去寻找你愉悦、伴侣也愉悦的事情。

请注意，这里有一个顺序，是你愉悦，然后是对方愉悦。而不是对方愉悦，然后你愉悦。看上去这是一个平行共处的时间段，考虑的出发点却是不一样的。我希望你可以先照顾好自己的感受，然后去寻找和他人的交集。这可以保护你的内在感受，不委屈自己，帮助自己建立一个"时间都是自己的"标准，多进行这样的练习思考，你就会比较容易拒绝那些你不要的事情，也就更容易说"不"。这个方法会特别有效地降低你生命中的紧急事件以及拖延事件。

拖延反映的是没有想做的动力，不想做又不想放弃，加上不能有效地说"不"，没有拒绝"我不要"的那个部分。

说到这里，我希望时间开销记录与分类统计、自我观察和反馈这个练习可以被你记住，如果你能记住并开始去做，那么，你对时间的真正感知将会被建立，所谓时间管理就不再是难题。

很多修行的法门都是从自我观察开始的，很多自我观察是从呼吸开始的，一呼一吸带来的是时间的节奏感，而时间是生命和关系的容器。观察时间，便是观察我们自己的生命走向，从而使时间和我们梦想的蓝图结合起来。

先知道再去做，或者是先做着再知道，都是"通往罗马的路"，区别在于你更喜欢用什么样的方式去经历。

我真诚地希望，这里提供的时间统计法的三个要点"暂停记录、自我观察——统计分类、自我反馈——新经验、去做去实践去成为"可以帮助大家建立对时间的感觉，从对时间流逝的观察中更好地理解自己运用时间的方式，从而觉察到自己生命流动的状态，在这些观察中，我希望大家能获得对自己角色的理解和拆分，从而在事件的安排上从"我不要""我要做"进化到"我想要"这个阶段。

当我们可以这样与时间相处的时候，我们就会言传身教地帮助我们的孩子，去支持他们对自己的生命进行练习，练习对自己的生命"我做主，我选择，我负责"。帮助他们在年幼的时候，在身份还非常单一的时候，聚焦自己的生命能量在"我要做""我想做"的层面，而不用花很多时间来处理"我不要"的那个部分。也希望我们不会成为让孩子耗能纠结的"我不要"的、每天都要抵抗、防御和战斗的对象。

家庭蓝图，就是父母们作为一个养育团队的"我要做"的部分。

父母的内在如果有清晰的蓝图，将会极好地帮助到自己的孩子。如果你对孩子有清晰的期待和看见，或许你就不会特别焦虑地跟风去报很多培训班；如果你可以清晰地看到孩子的专注力和学习的过程，或许你就不会在他做作业的时候感受到慢和不符合规矩的焦虑，你会更容易认为这就是一个孩子学习的过程。

而家庭蓝图如何建立？我相信，经过这四章的阅读和扎实的练习，你的蓝图会自动地找到你，知道自己想要什么比知道自己不想要什么更为重要，这个部分也会在第九章中继续探讨。

最后，希望你在时间的容器里，享受生命和关系的馈赠，活出丰盛的自己，拥有和谐平衡的家庭。

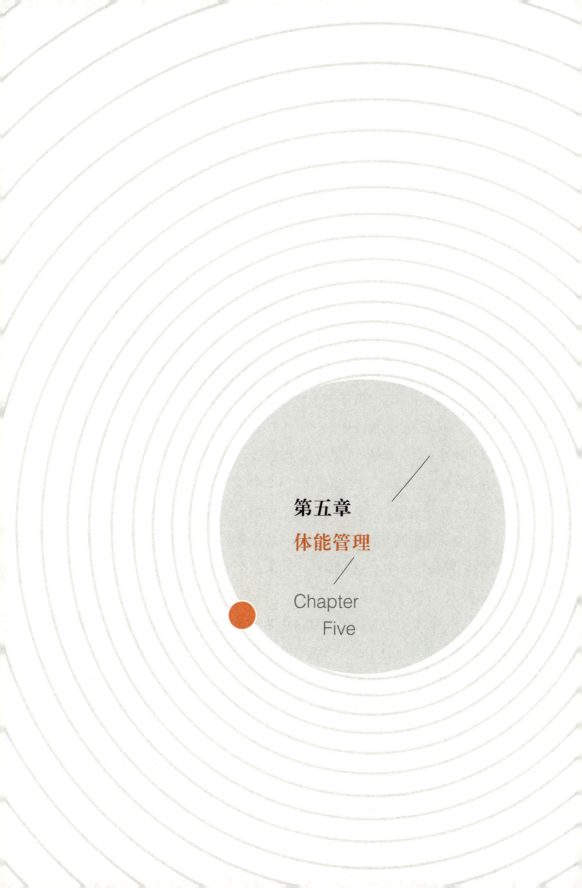

第五章
体能管理

Chapter Five

在第四章中，我提到需要关注身体的状态，关注在不同时间点上身体的状态，可持续愉悦状态的时长，在什么事件中身体的状态良好，等等，由此了解自己的生物钟与身心的关联。希望你已经通过时间统计法，找到了自己"我不要，我要做，我想要"的部分，进而安排出时间来好好爱自己的身体。

我常常对学员说，爱自己从爱自己的身体开始。毕竟，"身体是革命的本钱"，照顾好自己的身体，主动地去倾听身体的声音，会让身体支持我们的情感、心灵、精神更好地安住于内。

前文不断地提到"心手相应，知行合一，内外一致，形与神俱"，都需要身体来支持，这一章将从以下三个部分来和大家分享体能管理的内容。

第一部分主要讨论如何回归并寻找身体的节奏，让我们先和身体做朋友，寻找自己生命的基本节奏，并学习管理体能的进出口，不耗竭就是修复。

第二部分主要探讨如何调整生活方式，以构建规律的生活节奏，例如作息习惯和生理周期，如何引入减压阀来支持自己，如何拥有良好的睡眠。

第三部分讨论身体训练，推荐在生活中进行训练，例如做家务、饮食、锻炼。

以上内容可以说是一些最基础和简单的原则，而我们可能早已对熟悉的事物视而不见了，正如我们的身体，她为我们服务多年，我们可能只是在生病的时候才会想起她。我期待你通过阅读本章的内容，能和你的身体做一对形影不离的好朋友。

第一节
回归并寻找身体的节奏

和身体做朋友

谈到体能管理，首先还是需要先了解和观察自己身体的使用方式、状态、节奏等这些规律性的身体表达，如此，你才能知道自己的身体属性，而不会盲目选择，从而避免给身体带来伤害。

很多人和自己身体的关系不够好，例如暴饮暴食、熬夜酗酒等。一个小练习提供给大家，先来和自己的身体对对话：寻找一处舒适的地方，闭上眼睛，试着去想象自己的脸，大概 3~5 分钟就可以。做完练习，回答下面的问题，看看你的答案是什么。

1. 睁开眼睛，说说身体有什么感受？
2. 做练习的时候可以看到自己的脸吗？清晰吗？
3. 你上一次认真看自己的脸是什么时候呢？
4. 你爱自己的身体吗？

第五章
体能管理

> 5. 和自己的身体对话容易吗?
> 6. 你的身体状态是怎样的呢?紧张?松弛?倦怠?轻松?
> 7. 假如身体会说话,她会对你说什么?她会认为你爱她吗?
> 8. 你为身体花时间了吗?感谢她了吗?了解她吗?

在我的工作坊中,我会提供 5 分钟的时间给学员们做这个练习,每一次,都会有学员泪流满面,她们看不见自己,对身体突然升起很大的内疚感,因为她们已经很久都没有照顾过自己了。这份看见是对自己巨大的慈悲,经由对身体的看见,我们的身心会进入更好的整合。

去和身体做朋友吧,想一想她喜欢什么,不喜欢什么,什么时候高兴,什么时候疲惫……细心地呵护和照料这个将会伴随我们一生的朋友,身体和我们在一起的时间超过任何其他人,单凭这一点,我们都非常有必要和她好好相处。

生命的基本节奏

呼吸之间,生命醒来。呼吸是生命最基本的节奏,回归并寻找身体的节奏从呼吸开始。

拿出两三分钟的时间,来观察一下自己的呼吸,看看它是急促的还是舒缓绵长的,深入的还是浅表的,这个练习不难,难在常常有意识地感觉自己的呼吸。我花了非常长的时间,才能比较有意识地注意到自己的呼吸节奏和状态。长长的路,慢慢地走,这一生很长,呼吸伴随我们终生,任何时候去练习都是可以的。

我们从最基本的呼吸节奏开始，继而看到每一天中自己身体运行的节奏。

这又不得不提到第四章的时间统计法了，通过这个方法，你完全可以看到自己的身体有什么规律。例如吃喝拉撒睡是否规律？身体与情绪是否关联？你在什么时候比较爱自己的身体？在什么时候比较容易忽略自己的身体？

多做这样的观察，你可能就会发现，生理期前后，你的身体状态可能会有比较大的改变；你得上午10:00前喝咖啡，否则这一天都毁了；你在下午15:00前后是最困的，也很容易发脾气；晚上20:00前后特别困，但23:00又精神了，精神可能是因为孩子睡了，刷手机追剧带来的。很多与身体相关的细节会被你通过时间统计法看到。

更进一步，你还可以将身体放到更宏大的生命发展进程中去看。

生产前后，如果你没有适当地调整时间来照顾自己的身体，一如既往地拼命工作和支持他人，你的体能会很快下降，同时因为激素水平的原因，抑郁症会比较容易找到你。

相信大家都有这样深刻的体会，做妈妈之前熬夜简直是小菜一碟，做了妈妈之后，连续熬个一两天，好像一周都恢复不过来。

这就是"上了年纪"的正常表现，也是身体在提醒你，需要好好照顾她了。

古人在这方面是很有智慧的，"困了就睡，饿了就吃"，这是照顾身体时既简单又深邃的原则。

从每一天，每周，每月，每季度，每年，再到生命的整个发展进程，我们不能忽略身体是物质化的，她是真实存在、需要保养的。虽然身体可以自动修复很多伤害，但也抵不住完全被忽视的利用。

第五章
体能管理

尊重身体的天性、节奏、偏好,寻找到自己的步调,后面才能有的放矢地照顾好她。

管理体能的进出口:不耗就是修复

体能充足的人拥有面对生活困境与挑战的能量储备。对于一个女人尤其是一个妈妈来说,生育孩子是极其耗气血的事情,很多母亲生完孩子需要哺乳,这也需要母亲有很好的体能基础。

这几年,当我因为母亲自我管理的课程而更加关注女性体能管理的时候,无论是在公众场合还是我的个人工作坊,我很少遇到体能和精神状态都非常好的人,体能下降、精力水平滑坡是大部分母亲都会经历的事儿,除了年龄与生命阶段的原因,还和第一章中提到的"三多一快"的环境有关。例如,有多少人可以做到孩子睡着以后也早睡的呢?有多少人可以做到睡前1小时不碰电子产品呢?有多少人早晨的排泄是顺畅的呢?有多少人的睡眠是踏实的呢?

吃喝拉撒睡不仅对小朋友很重要,对大人一样重要。身体是要靠这几项活动来维持运转的。

很多妈妈会说,好不容易把孩子哄睡了,还不得干点儿自己的事儿?刷微信、微博,看电视,追美剧。但这样我们就把好不容易藏起来的一点点体能给耗掉了。好多妈妈说哺乳的时候乳汁不足,吃再多的药和汤水都不见效。一问才知道,她们基本都有晚睡的习惯。

所以,对做了妈妈还依然年轻的我们来说,需要从战略层面去思考:如何不消耗自己?怎么做可以节约自己?

顺应自己身体的变化,注意休养生息,善待自己,这是解决体能随着年龄滑坡的根本方法。所以，请停止消耗的行为，这点很重要。如果你实在不能好好睡觉，至少可以闭目养神，选择让眼睛休息。

管理体能的出口是不消耗，接下来我们再来谈如何补充体能，管理进口。我见过很多热衷锻炼的人，跑马拉松，固定时间健身等，但是他们睡得非常少，也铆足了劲儿在奋斗，他们的消耗很大，进口也不少，目前看上去相当于收支平衡吧。但大部分人其实没有锻炼的习惯，没有进，只有出，这无疑是非常消耗自己的方式。

不消耗就是修复，节约自己就是储能，这可以帮助我们的身体得到喘息的机会，进行自动修复。

如果你没有办法停止消耗，在狠命地使用自己的身体和精力的时候，可以重新梳理一下你和身体的关系，学习去爱自己的身体，允许自己暂停一下，让自己休息。这是更深层次的身心联结的部分，在情感管理中会进一步说明。

我知道，停止消耗对很多习惯了像陀螺一样旋转的朋友来说，依然是非常困难的。如果你是这样的人，并且已经感受到焦虑，那么从记录时间开销做起，发现自己使用身体的模式，并进行自我观察和自我反馈，这会让陀螺一般的身体得到片刻松弛，也是对身体的极好滋养。

● 第二节
调整生活方式

通过回归并寻找身体的节奏，你会看到自己日常的身体使用模式，以及体能消耗趋势。正如第四章时间管理中所谈到的那样，这是你的观察，是为你想实现的改变而服务的。

你希望自己的身体如何改变呢？无论你心中对体能管理有什么期待，以下三个建议经过很多人的验证，被证明对体能管理是很有帮助的。

构建规律的节奏

早睡早起是节奏，晚睡晚起也是节奏，最怕是一忽儿早睡早起，一忽儿晚睡晚起。这就好比汽车在行驶中，突然大幅度地变速，需要更多的制动和耗油，对身体来说，同样如此。

对生物钟的观察可以帮助你了解自己的身体节奏，当你看到过去的身体使用模式之后，你可以问问自己：要保留吗？要调整吗？如果要保留，你就会从过去无意识的运转进入到有意识的跟随；如果要调整，你就需要引入新的方式，重新构建有规律的节奏。

规律有节的生活可以带给身体很好的节奏感。在这方面孩子表现得比较明显，比如闹觉就是孩子的身体节奏带来的情绪反应。如果你了解这个节奏，就会在孩子睡觉之前提供让他逐渐放松的睡前活动，而不是让他玩超级兴奋的游戏。

当你构建了规律的作息，也就让身体有了预期性和节奏，情绪也会跟随身体进行"节奏性的呼吸"，就像你知道春天花会开一样，这将给身体、体能和情绪都带来稳定性。

稳定性是这个世界上越来越宝贵又稀缺的资源。你越稳定，在纷繁芜杂的时代，就越容易有定力，古人说"定生慧"，你的智慧也会因为身体的稳定而缓缓升起。

这其实也是让孩子有规律地生活的原因——规律的生活会让身体稳定，稳定的身体会让内在充满智慧。

引入减压阀

AI时代即将全面来临，机器人在很多方面可以替代人，是因为它们没有精力波动，只要有电，就能恒定如一地工作。但我们是活生生的人，没有神功，所以需要张弛有度，来维持认知的清晰度和内在的稳定度。

引入减压阀可以帮助我们隔一段时间就能释放身体或者情绪上的压力，这是非常简单易得、随处可用的方法。

什么是减压阀呢？想一想高压锅就能理解它的功能了。我们所处的时代，物质、选择、资讯、速度都是又多又快，选择本身就会给人带来巨大的压力，如果不能有节奏地或者适时释放和缓解身体与情绪的压力，我们就很容易滑入亚健康状态。

在我的工作坊中，我提供了一些减压阀给学员们，大家可以看看有没有适合自己的方法，每天早中晚至少引入3个减压阀，让你的身体和情绪都能得到很好的照顾。

1. 早晨醒来，不着急起床，静静躺三五分钟再起床；
2. 不带手机进卫生间；
3. 认真仔细地洗脸；
4. 洗完脸以后，仔细看看镜子里的自己，至少30秒；
5. 如果化妆，化完妆以后仔细看看自己，至少1分钟；

6. 慢慢吃早餐；

7. 留一小段路步行去上班；

8. 午饭后闭目养神5分钟；

9. 安静地听一首自己喜欢的歌；

10. 写一小段文字给自己；

11. 想一想和伴侣初相遇时自己和他的样子；

12. 想一想自己的孩子；

13. 给好朋友打一个电话；

14. 下班回家之前，慢慢在小区走一走；

15. 与孩子玩耍的时候把手机设置为飞行模式；

16. 睡前一小时不看手机、电视、电影；

17. 晚饭后散散步；

18. 什么都不做，发发呆；

19. 买花；

20. 认真仔细地做自己喜欢的手工或者家务；

21. 朗读一首诗；

22. 读书；

23. 做几个下蹲运动；

24. 靠墙站立3分钟；

25. 抄写一首唐诗；

26. 认真伸一个懒腰；

27. 喝一杯热茶；

28. 给自己做一个头部按摩；

29. 认真吃一小袋坚果；

30. 看一个笑话。

……

我相信，你一定有更多的适合自己的减压阀来支持你放松自己的身体和情绪。

改善睡眠质量

成为妈妈的头几年，好多人的愿望可能都是如何能睡一个整觉。然而，当孩子睡着了，你真的睡觉了吗？

除非你精力充沛、天赋异禀，否则都是需要足够的睡眠的。

我们先来了解一下小睡。英国首相丘吉尔每天都要通过一个小睡（Cat Sleep）来恢复他的精力。在实践过程中，你不一定要去"睡"。我建议你每天都能够有半小时左右的安静、独处的休息时间，这是恢复体力很好的方式，是非常值得养成的习惯。

在这段时间中，最好远离手机。最简单的方法就是闭目静坐，只是一刻的寂静，就可以释放紧张不停的生活带给你的无形压力和身体紧张。

其次就是晚间的睡眠。睡眠对一个人的精力、自信、情绪都有极大的影响。没有睡眠，我们会因为精力低下而变得被动，逐渐没有力量和韧性去追求新东西或者改变困境。

第五章
体能管理

在你积累出来的时间开销记录中,请观察一下那些高愉悦度对应的事件和低愉悦度的事件,我相信,你会发现它们大多与体能有关,更与你前一晚的睡眠质量有关。

长期缺乏优质的睡眠会让一个人的自我认同感大大降低,如果这本书里的所有体能管理方案只能留下一个的话,我想那就是改善睡眠质量。

睡眠需要一些信任和一种放下的心态。有的女性会抱怨老公,说老公心大,孩子都"哇哇哇"哭半天了,他还在呼噜呼噜睡大觉。这是蛮有意思的事情。妈妈们通常更容易去照顾孩子,这让她们很难放下。所以晚上和孩子一起睡的妈妈们,白天一定要找几个时间段,让自己闭目养养神。为什么一直在强调闭目呢?因为现在的资讯太多了,杂乱又无序,看手机,刷微信、微博,什么样的信息都会进入到我们的系统中来,容易让人心神不定。心神不定是很耗能的。所以闭上眼睛,切断和这些信息的联系,在短短的5~10分钟的时间里照顾自己,心神安住,对我们的精力恢复将大有裨益。

通常我会建议妈妈们在睡前泡泡脚,这样可以放松身心,有助于睡眠。同时,手机不进卧室。一方面是因为睡前引入大量信息会对自己产生扰动,另一方面也让妈妈在孩子身边的陪伴显得人在心不在。

我的来访者中,有一部分是低龄幼儿的家长,咨询比较多的问题就是孩子睡不踏实。我请妈妈们做的第一个工作就是,和婴幼儿在一起的时候不使用手机,在家里建一个"养机场",让自己身心都安定地陪伴在孩子身边。很多妈妈都说很惊讶,孩子睡得好多了。

第三节
训练身体

写字、画画经过长期的练习，会形成肌肉记忆，达到自如的状态，进而呈现美感。对于身体来说，同样如此。

训练身体有很多方法，这里介绍四种简单易行的方法。我的目的只在于启动你去做去实践，关键在于开始去做这个动作，希望你会爱上这样的方法并坚持下去，和身体成为好朋友。

好好做家务

好好做家务。我反复强调做家务是因为，家务是一个妻子无法规避的一项事务，无论大小、多少，总会有一些家务是需要你去做的。

那么，不会做饭，就好好买菜；不用买菜，就好好布置餐桌；不会布置餐桌，就好好洗碗；不用洗碗，就好好整理厨房；不用打理厨房，就好好规划家中每个功能区物品的摆放……我相信，总有一款既要动脑更要动手的家务适合你去做。

让你的身体跟随这些选择，去参与家务，在做家务的时候观察身体的松紧状态、精力状态，这是非常简单的方式，但确实有奇效。

而且，家务基本上天天都有，你在做家务的时候让身体参与进去，每天都可以观察自己的身体，有意识地运用自己的身体，会非常有效地拉近你和身体的关系。

如何进一步训练身体，需要你和身体关系亲密才会更有效。在做家务的时候观察身体，即是非常朴拙的方法，又是对家庭有所贡献的方式。

专注地吃饭

输入精力，除了锻炼和睡眠，还有一个很重要的途径就是饮食。

当我有意识地观察一段时间自己吃的食物之后，我发现我家的饮食结构悄悄地发生了变化。我更愿意走远一点，去品相更好的超市采购食材，也更愿意多花一些钱购买有机的食物，并选择简单的烹调方式。

我没有任何通过饮食来减肥的意图，却在当年的体检中看到，胆固醇偏高多年的我，因为调整饮食结构而胆固醇自然达标了。

此外，在就餐的时候，不看手机，专心地和家人或朋友聊天，享受食物的馈赠，也会让身体得到更多的滋养。

关于饮食，我主要就谈以上两点：一是选择健康的食物和简单的烹饪方式；二是专心吃饭。

锻炼体和魄

这是体能管理中最普遍的方式，也是恢复身体机能、增加能量的好办法。

锻炼不单是进健身房，跑马拉松，还有非常多的形式，例如瑜伽、散步、快走、跑步、太极、武术、踢毽子、跳绳，等等。关键是，找到适合你，并且你很喜欢的方式来进行。

从小我们就被教导要为祖国健康工作 50 年，要锻炼体魄。所以锻炼有两个方面，一个是体，就是身体；一个是魄，就是精神。

在进行锻炼的时候，让精神内守，专注在身体的一呼一吸、一颦一动之间，这对体魄都会有很大的帮助。

我比较喜欢散步、快走、下蹲这几个活动，那是因为我平日思考较多，用脑量大，需要活动四肢，尤其是下肢来平衡我身体中的能量。同时，我在进行这些活动的时候都是不看电子产品的，常常是一个人进行，这让我每天都有半小时到一小时的独处时间，不仅身体暖和舒畅，精神也安宁自在。

同时，我每天还有 2～3 次，每次 5～30 分钟不等的静坐习惯，这个方式是用来锻炼魄的，这会帮助我清理掉很多杂乱的信息，使我可以比较好地保持专注和稳定。

如果你还没有锻炼体魄的习惯，不妨每种都试一试，看看你聪明的身体会做何选择？

如果阅读完本书，你只能做一个练习的话，那么我会建议你好好睡觉；如果你睡好觉了，那么就请好好锻炼体魄，请注意是体 + 魄，这是精力的基础，有了充沛的体能，其余的所有技巧才有依附之所。

你的身体在你那里，是否去管理这最核心的地基和能量，选择权

第五章
体能管理

也在你那里,这不是作为分享者的我能决定的。但我真诚地希望,你能通过爱自己的身体,进而深刻地体验到爱自己的能量和方法,从而可以顺利地迁移到其余的所有关系中来。

皮之不存,毛将焉附?愿你和你的身体是一对形影不离的好朋友。

第六章

情感管理

Chapter Six

情感，也称为情绪。在进行情绪管理之前，你首先需要清楚自己与情绪的关系，并了解情绪的特点，然后针对这些特点进行管理。

情感管理的起点依然是觉察和充分明晰的自我认知。这在前面的内容中进行了深入的说明：自我观察和自我反馈是增强自我认知的不二法门。

在本章中，我将依然建议大家使用时间开销记录来获得关于情感的自我认知，重点观察愉悦度的高分项和低分项的内容，关注令你情绪有明显起伏的时间、场景、对象，以及你的身体状况、家庭环境、工作内容，等等，当你有一段时间的记录后，再从以上角度进行自我观察和反馈，这将帮助你在情感领域对自己有一些常规性的理解，也可能会让你更进一步看到自己的情感波动周期、模式等更为重要的特点。

当你对自己的情绪状态有充分的观察之后，你选择对的能量和信息的能力就会大幅提高，你会从之前无意识的积极或者消极的情感状态，变为有意识地去为自己提供和创造自己偏好的情绪环境，进而有更多对的信息、对的环境、对的人、对的身体、对的身份或角色来帮助你呈现更好的情感状态。

我认为这是进行情感管理不可忽略的一步。越了解自己的情感规律和特点，就越容易与之共处并寻求到适合自己的改变与管理方法。

情绪管理是我多年的企业内训和个人成长工作坊中非常重要的一项内容，情绪管理的质量往往会对一个人的幸福感起到很大的影响。

这里我将十几年来的体验总结成一个只包含四个特点和对应管理方法的表格，希望这个总结可以帮助大家在有情绪的时候对应检索，快速寻找到适合自己的方法。

简言之，情绪是中性的，是需要流动的能量，它对应着正面的爱的动机和需要（见表6-1）。

表6-1 情绪的特点与管理方法

情绪的特点	情绪的管理
情绪是中性的	允许、接纳所有的情绪
1. 情绪没有好坏之分，这样就不用克制或者取悦 2. 情绪都是自身的组成和表达，欢迎它们，礼遇它们，接纳它们	1. 写幸福日志：帮助自己感知周围的幸福琐事；打开五感，培养自己对情感的敏锐度；升起感恩之心。一段时间之后，你将发现，你可以在对立面之间自由灵活地转换 2. 获取正面情感：可以积聚力量，帮助自己处理负面情感，从而使之流动；通过倾听，构建积极的人际关系；独处、扩充情感容量都可以获得更多的正面情感 3. 慎用语言：语言是锋利的工具，慎用之。多使用肢体语言，比如拥抱、按摩、抖动身体来回应情绪 4. 设置减压阀：寻找可以调节情绪和心态的方式，比如写作、泡脚、按摩、谈心、运动等

(续)

情绪的特点	情绪的管理
情绪需要流动	**允许、帮助情绪流动**
1. 未被充分表达的情绪会停留、阻滞在身体里，就像未处理的伤口（比如多年后，你还会想起当年那个讨厌的同事） 2. 未被充分流动的情绪会通过攻击自己的身体或者"化妆"在其他的关系里——呈现（比如孩子在周末的求而不得会通过周一不上学来表达）	1. 身体：抖动身体、按摩身体、大口呼气都可以帮助情绪流动 2. 表达：写下来或录下来自己的真实感受，然后撕碎、删除，都能帮助情绪流动 3. 返场：与那时的自己对话，如果再经历那样的事情，自己可以怎么做
情绪是能量	**选择对的能量和信息**
1. 情绪是客观存在的 2. 这种能量会交互	1. 对的信息 2. 对的环境 3. 对的人 4. 对的身体 5. 对的身份或角色
情绪对应着正面的爱的动机和需要	**我值得拥有所有美好的感受**
1. 情绪的背后是需要，需要的背后是未满足的爱 2. 情绪是"送信人"，尤其重大的情绪是贴近自己的极好机会	1. 转念：情绪是爱的表达和呼唤 2. 信念：我值得拥有所有美好的感受

这个表格不论是对于理解我们自身的情绪，还是理解他人的情绪都很有帮助。请记得，使用时间统计法的记录来找寻自己的情感变化特点，在这个基础上，技巧和方法才会有用。

第一节
允许并接纳情绪的发生

看见带来允许,表达带来联结和疗愈

人的内在情感冲突,很多时候在于对自己或者对他人当下发生的情绪不够允许和接纳。情绪是中性的,是需要流动的能量,它对应着正面的动机和需要。当我们可以看到并接纳自己和他人的情绪时,理解不同,看见不同,接纳不同,情绪就会完成它的发生、发展过程。

看见了情绪,还需要允许情绪的发生和发展。情绪没有好坏,它是中立的"送信人",对应着正向的关于爱的动机和需要的表达。

得到允许的情绪将会对当事人有很好的疗愈作用,我们先来看一个我在工作中的案例。

- **实践分享:亲子关系中的看见—允许—表达—联结—疗愈**

情绪是送信人,人们在一起不代表有联结,打动人心的依然是真诚和真实。

某一年,我在一个工作坊中学习"如何在陪伴中解决问题"。我和一个同学组队,处理一个她提出来的问题:"我是一个 22 岁男孩的母亲,孩子马上要大学毕业了,但是他的数学需要补考,我想通过角色扮演来看看如何采取行动尽快解决补考这件事。"于是我扮演母亲,她扮演 22 岁需要补考数学的儿子。我们一共分了三个阶段来进行角色扮演。

第六章
情感管理

第一阶段：

妈妈：儿子，妈妈真开心你回来过暑假！这会儿有时间，咱们聊聊呗。这学期怎么样啊？

儿子：凑合。

妈妈：啊？凑合啊。有啥开心的事没有啊？

儿子：就是 3 月份骑行 1 500 公里的事情啊……

妈妈：哇，你太牛了！比你爸你妈都强！

（气氛很好，我态度也很好。我们嘻哈了一下这件让儿子骄傲的事情。他看上去非常开心。不过得回到角色扮演的任务上来。）

妈妈：说到凑合，这个暑假你还有什么打算啊？

（儿子此时开始拿着一个笔记本在手里不停地把玩，也不看我。我心里有些不高兴。）

儿子：我打算好好复习一下高数。

（我心里一阵狂喜，看来前面的气氛进行得很好，儿子居然主动谈及我想说的话题了。）

妈妈：真好啊！妈妈也想和你说这个呢。妈妈以前学的是数学，高数可难了。你为啥想温习一下高数啊？

儿子：（继续玩笔记本，头也不抬。）我想出国读硕士。

妈妈：那你怎么计划的呢？（我心里想，老师都告诉我了你得补考，有点儿好高骛远吧，居然还想着出国！）

儿子：看书呗！

妈妈：听你说想准备出国读硕士，妈妈心里挺高兴的。我这几天看到你晚睡晚起，没怎么看书，感觉我儿子聪明如旧，不吃力就能学好。同时也有些困惑,还有点儿担心,既然你有温习高数、申请留学的打算,你看这暑假也快过完了,还有时间看书吗?

这个时候我们暂停下来,双方闭上眼睛,去感受自己的情绪状态。我明显感觉自己有些着急,并想"搞定"他。觉得孩子虽然 22 岁了,却隐约感觉哪里不对劲,气氛很好,却走不近他,一直在绕圈圈。

第二阶段:

妈妈:儿子啊,妈妈这一停顿,感觉心里好像很着急啊,有些担心你的学习。

儿子:妈妈,我觉得你不关心我!

妈妈:(我吓一跳!我们交流得不是很好吗?怎么这么突兀啊?)啊!你这么说,吓我一跳。你可以告诉妈妈,妈妈怎么做会让你感觉更舒服呢?

儿子:(突然甩了甩笔记本)妈妈,你怎么都不问问我在玩什么?

妈妈:(呃!发难了,发难了!)啊呀,对不起对不起。儿子,能让妈妈看看你在玩什么吗?

儿子:你看,我都玩儿这么久了,你从头到尾一句都没有问过我,你就全和我在那儿说学习学习!说实话,从小到大,我的学习让你操过心吗?

(儿子突然抬头看我那严肃的脸,我还是感觉到了儿子强烈的愤怒和指责扑面而来。我心里也很不高兴,你不是成年人吗?我还没说你玩笔记本不礼貌呢!这个时候,感觉 22 岁的孩子变成了 5 岁的小男孩!当妈妈的我决定忍住。)

妈妈:哦,这个我确实忽略了。我想着你长大了,有些事可能不

第六章
情感管理

方便问你。妈妈会注意的。

（我心里其实想的是"应该"，我们应该谈谈学习了呀！你这么大了，也应该自律啊！）

这个时候我们再一次暂停下来，闭上眼睛，去感受彼此的情绪状态。我在感觉到他的愤怒、指责之后，一种酸楚浮了出来。他在向我表达什么？不是指责，不是愤怒，而是对妈妈长期忽略他本人的控诉，孩子想要妈妈的关注啊！他只有觉得自己被关注了才会觉得妈妈是爱他的。然后，一股强烈的内疚瞬间袭上心头。

第三阶段：

妈妈：儿子，妈妈要谢谢你！你刚才一番话，让妈妈特别内疚。我很抱歉，刚才一直没有关注到真实的你在做什么。可能你更需要的是妈妈对你这个人的关注，对现在此刻的你的关注！妈妈刚才一直都忽略你了，对不起，儿子！

（扮演儿子的同学突然红了眼眶，等我说完，她的眼泪大颗大颗地滚落出来。我非常感动，眼眶也跟着湿润了起来。这个时候我看见她和那个扮演的儿子重叠在一起，是一个真实的幼童。我张开双臂，紧紧地把她抱在怀里。）

妈妈：儿子，对不起对不起！妈妈在这里，妈妈永远爱你！

儿子：我需要你的时候你在哪儿啊！

妈妈：妈妈在这里，妈妈会好好陪着你！

（我拍着她的背，好一会儿，我们才分开）

儿子：妈妈，你放心，学习的事情你不用操心。

这个阶段就是去表达自己，然后，联结发生了，问题解决了。

停下来观察自己的情绪，真实地表达自己

回头看看，前面两个阶段我其实都失败了，我心里想的只是任务：和成年的儿子讨论他补考的事情，目标非常明确。

第一阶段里我们胶着在学习这件事情上，我没有看见真实的孩子。他在玩笔记本，我看见了，但是我心里有评价，没有呼应他，也没有表达我的关注。而这个部分，他漫不经心却依然和我聊天，看上去有些傲慢的行为其实是在对母亲呼唤"请关注我这个人吧"！我却忽略了。于是他的心慢慢冷却不再和我靠近，不论我们在第一阶段里聊得多么热乎多么融洽，可我就是走不进他的心里去。

这验证了"无论我多爱你，如果你接受不到，这份爱对你来说就是无效的"。我们需要表达对方想让我们看见的部分。

在第二阶段里，我心里想着的是"应该"，你这么大了，应该有自己的想法了啊！还好，儿子的指责给我提了个醒儿，我意识到我需要把话语权交还给他，他的话多了起来，谈话没有中断。但是这个内在的"应该"变成了我们之间的一种阻隔，横亘于母子之间，封锁固化了我对补考这件事的焦虑，推开了向我求关注求爱的孩子的心。

两次暂停，第一阶段感受自己，第二阶段感受对方。很明显，在短暂的觉察之后，有效的方法依然还是**回到自身，去观察自己的情绪，并如实真诚地表达自己。**

这就像仙女的魔法棒，瞬间瓦解了儿子身上的盔甲，我看见的是一个哭泣要爱的 5 岁小男孩终于得到了童年时未被赋予的关注，那个瞬间他长大了，开始为自己负责了。

当事情无法进展的时候，感觉挫败的时候，胶着在一个问题上的时候，请停下来，深呼吸，感觉一下自己和对方的状态，觉察一下彼此的情绪，然后真诚地表达自己真实的感受。这时真正的联结就会发生，问题就会找到解决方案。

这个练习让我们深深体会到"情绪是送信人，在一起不代表有联结，打动人心的是真诚和真实"。

演练结束，我们分享彼此的感受。同学告诉我，她的孩子就是这个年龄，她演的就是孩子真实的样子。我从看见到陪伴再到表达，让这个内心可能停留在五六岁的小男孩得到了安慰，而她在扮演的过程中也得到了疗愈，照见了她和孩子之间、她与母亲之间的关系循环。**情绪的重现和被允许**瞬间联结了演练中虚拟的母子，联结了她真实生活里的母子和自己幼年时候的母女。

当情绪被表达，意味着被允许。这个允许串起来的将不只是联结，还有疗愈。

第二节

看见不同，理解不同，接纳不同

和而不同

"看见—允许—表达—联结—疗愈"，从上文的实践分享中，我们可以感受到看见和允许的巨大作用。看见的部分，通过时间统计法中的愉悦度延伸观察可以建立起来，允许和表达的部分会在大量的看见之上自动生发。

如实如是地看见越多,你会越容易知道这个世界是不同的:首先你自己就会处在不同的状态里,他人也同样处在不同的状态里,你和他人又是如此不同。看见不同、理解不同、接纳不同就比较容易有如实如是的看见来作为支持的基础。

诗人鲁米说:"在对与错的区分之外,有片田野,我将在那里见你。"这是我特别喜欢的可以用来诠释不同之美的诗句。

在关系里,我们是如此不同的两个人。学习去看到对方,接纳对方,在这个过程里,接纳可能会悄然发生,沟通也可能会慢慢顺畅,"君子和而不同"说的也是这个道理。

看见对方更需要从看见自己开始。自我认知是关系的起点,越熟悉自己,了解自己,就越能熟悉对方,了解对方。可能我们会发现,如此不同的人却会相互吸引,就像荣格所说,"我们都在寻找我们的'阴影',以期待自己变得完整"。

这适用于所有关系。

思考者与情感者的分享带来的启发

荣格曾经说:"思考者和情感者是无法完全理解对方的,这很困难。但是,他们都是对的。"在我带领的自我认知课堂上,学员们分享了很多故事,让所有参与学习的学员对荣格的这句话有了更多的理解和体验。

一开始,我们通过十几个问题将学员分成了两组:一组是思考者,一组是情感者。分完组以后,我邀请他们各自找出一个问题来向对方

第六章
情感管理

提问。

大家的分享从情感者列队对思考者列队的一个提问开始:"如果两个男人都喜欢你,追求你,但是其中一个物质条件好一点,另一个人品更好一点,你们会选择哪一个呢?"

思考者列队的人回答:"我会看人和物质哪个对我来说是更重要的,我会根据心中觉得更重要的来选择!"在她回答的时候,情感者列队里一片嘘声,提问的女孩咧嘴大笑。

我问咧嘴大笑的女孩为什么笑,她说:"简直太不能理解了!喜欢就是喜欢啊,还分什么重要不重要啊?"

答问者立即接上了话:"我们心里不都应该有一个标准吗?做选择的时候根据这个标准来啊!"这句话又招来情感者的一片哗然。

两队的分享和争论就此开始。

【故事一】

我和男友坐火车去旅行,不巧,我们的卧铺在不同的车厢格子里,男友试着和我对面的男士调换铺位,遭到了拒绝,他就有些不高兴了。

当那个男士放行李的时候,箱子有些沉,放不上去,我想我个子高就帮下忙。没想到箱子在行李架上把我的手挤了一下,很疼,我就叫了一声,回座位的时候又被东西绊倒了,摔到了地上。

这时,让我非常难受的事情发生了。

男友坐在对面的铺位上,对着我开始了指责,说他一个大男人,用得着我帮忙吗?帮忙还把自己给弄伤了,说我活该之类的话,我很生气,刚开始还想说两句,后来我就坐在地上,看着他。等他说够了,我跟男友说:"我受伤了,你不觉得应该先把我扶起来吗?"

【故事二】

我经常和妈妈发生冲突,每次我们交流的时候,她都很生气。以前我不知道为什么,刚才大家分享的时候,我发现可能就是因为我是思考者、她是情感者的缘故吧。

每次我都会跟她讲道理,我越讲她就越生气。我看她每次都不愿意改变,就会继续讲道理,最后都是她生气、我道歉,然后没有任何改变。

说着说着,她的眼泪流了下来。

【故事三】

我好像突然理解我老公了,之前他每次挑我毛病的时候我都特别不高兴。我每次都会说他:"你这是什么态度?"他就会回嘴:"你又是什么态度?"然后我们就会冷战。

看来他是思考者,我是情感者。他每次跟我讲道理的时候,我都特别受不了,很难感受到他对我的爱,完全就是在嫌弃、挑剔我。她的眼眶红了起来。

【故事四】

我是典型的思考者,每次和公司同事开会,都是我在那里呱啦呱啦讲半天,我的组员坐在下面,我就眼睁睁看着他们的头越来越低,一个个闷在那儿。我根本不知道他们在想什么,也不知道我说得对不对,反正就是很抓狂,还经常感觉很沮丧。现在我知道了我和他们之间的区别。我会鼓励他们试着来打断我,表达一下他们的想法。也会跟他们说说我是个什么样的人。

分享进行了一个多小时,两队呈现的状态也非常不同。

当情感者回答思考者提问的时候,他们显得更加活泼,争抢话筒,穿着也很随意,也更容易感到疲倦,当练习快结束的时候,有三分之一的人坐在了凳子上。

当思考者回答问题的时候,他们自发地一个个轮流着来,显得很有秩序和规则,分享的时候也显得更有逻辑,表情比较严肃,肢体语言也比较少,没有发言的人会表达需要发言的意向,拿过话筒说出自己的声音。

他们是如此不同!他们自己总结:

"我们思考者希望解决问题,而且希望一次就能解决问题。所以我们先看到事情,认为把问题解决了才是对你好的方式!其实,我们每次和你们(情感者)讲话,看到你们没有反应,我们就会越讲越多,越多你们就越没有反应,我们就会很着急,就更想帮你们解决问题。所以,如果你们感觉不舒服,请直接表达给我们。"

"我们情感者其实就是需要对方先看到我们的感受,我们其实不需要那么多道理!你们(思考者)讲道理的时候,我们感觉好像在被你们指责,被你们挑剔,感觉你们态度不好,老觉得我们有问题。我们其实就是需要你们听一听,看一看!"

分享的氛围非常好,有欢笑,有泪水,有发现,有顿悟。

思考者容易先看到事,然后才是人,最后才是情绪。而情感者容易先感受到情绪,接着看到人,然后才是事。我们认识这个世界的顺序是不同的,如果感觉沟通有障碍,就试着告诉自己:"这是对方表达自己的方式,这是对方熟悉的表达自己爱的方式。"

学习看到对方,经验对方。在这个过程里,接纳可能会悄然发生,沟通也就可能会慢慢变得顺畅了,"君子和而不同"的美好状态也就出现了。

第三节
情绪是需要流动的能量

与情绪和平相处

情绪是能量,需要流动起来。被压制、不被允许流动的情绪,会在生活里化妆而来。

- **实践分享:爸爸妈妈,我爱你们**

这是某天晚上发生在我家的故事。当晚我们一家三口先后陷入了情绪的风暴里。文章的前半段是我们通过游戏处理了第一波孩子强烈地希望爸爸不出差的情绪,文章的后半段是关于帮助孩子释放更深层情绪的记录。这个过程并不容易,每一个人都有情绪,都需要空间来处理。

我把它记录下来,是因为我再次深切地体验到父母对孩子来说就是天,孩子会用各种各样的方式去呼唤父母爱自己,把父母留在身边,甚至会自动地卷入父母的战争里,不惜牺牲自己以求得父母双全。

作为成人,我们需要认识到孩子最不可爱的时候,恰恰就是他们最需要爱的时候。我们有责任和义务帮助孩子划清界限,帮助他释放情绪。

我们也需要安抚好自己的内在小孩,和情绪相处,从而更好地做孩子的父母。做父母是一生的功课,感谢儿子给我们上了生动的一课。

第六章
情感管理

晚上20:10，果果已经过了看电视的时间，但依然要求再看一集动画片。我告诉他我们的约定是过了晚上20:00就不能再看电视了，需要准备讲睡前故事了。他说："看了电视就不讲故事了。"我答："这是两件事。"他就哼哼唧唧跑去找爸爸。

我开始洗漱，隐约听见他俩商量好"偷偷地看，不让妈妈知道"，我想着先生第二天要出差，便没有坚持。

先生在看小说，果果看动画片看得起劲，画面很温馨，我知道儿子心里应该会感觉到爸爸那特别的爱。

一集结束，画风突转：果果紧紧抱着遥控器坐在电视柜上："我再看一集，真的，我只要再看一集，然后就再也不看了！"

爸爸对他说："这可不是零花钱，电视时间不能存取款的哦。"

小子不依不饶，哭了起来，边哭边喊："就只看一集，以后再也不看了！"

滚滚热泪成两行，爸爸恼了："啊，你又用哭来当武器了吗？说好了的，不行就是不行！"

洗漱完毕的我也加入了劝说的队伍，果果哭得更响了："我真的，真的，真的只再看一集就不看了。"

这样来回纠缠没有意义，而且一反常态，肯定不是电视的事儿。我决定先带他离开现场。

我对他说："妈妈抱抱你可以吗？"他说可以。我抱起他走向卧室，对他说："果果，妈妈知道你现在很想看电视，但现在真的不可以。你可以哭，妈妈会陪着你。"

爸爸走进来说："我关电视了。"已经慢慢平静的果果听见爸爸这么说，继续哇哇大哭。爸爸叹了口气，躺在一边。

我感觉到孩子哭泣和爸爸要出差有关,于是我问果果:"爸爸在妈妈不同意的情况下支持你看电视,是不是觉得爸爸特别爱你?"果果委屈地带着哭腔回答:"嗯!"

我接着问他:"如果爸爸明天不出差,你还看电视吗?"

果果:"不看了!"

我:"哦,原来是这样啊。爸爸就在这里,不看电视的话,可以做什么呢?"

果果:"吃东西!"

爸爸笑了起来,这笑又刺激到了果果。

果果:"哼,反正就这样,不看电视就吃东西!"

我:"现在吃东西是不行的。爸爸在这里,不如和爸爸玩一个游戏吧?"

果果:"好,我们来玩吃东西的游戏。"

我:"食物不能进卧室,玩点儿什么好呢?"

果果:"搭积木!"

我:"好!"

他准备去客厅取积木,我说今天的积木是不一样的。我拿出他手里的遥控器搭在爸爸的大头上,然后一扑,卧在爸爸的身上,他一看,咯咯咯笑了,跑过来呼啦一下扑在我的身上。爸爸开始晃动,趁势挠他痒痒,他继续咯咯咯大笑。

爸爸说:"哎呀呀,积木要翻啦,要翻啦!"我们笑成一团,我这块积木趁机下了床,爸爸和果果就玩起了"汉堡包"的游戏。

父子两个闹成一团,我在客厅听到他们的打闹声,真心觉得孩子得多爱爸爸,又得多担心被爸爸拒绝才会这样啊。

第六章
情感管理

我看看时间,快9点了,爸爸对果果说:"你来帮我打印东西吧。"

我心里有些不爽:"时间这么晚了,该睡觉了啊!"

父子俩继续他们男人间的约定,果果忙东忙西,突然跑过来要求我给他画画,我未从,他便生气得不得了。

画风第二转:爸爸从书房出来,直接把他抱走,一边走一边说:"啊,看来只能对你粗暴点儿了!"果果被爸爸这么一吓,哇哇大哭。我心里想,就这么点儿事儿,我正在和儿子交流,爸爸这么横插一刀,也太粗暴了。

我去卫生间看到父子两个,爸爸背着手站着,表情十分严肃,极力控制着怒气,像督查一般盯着镜子,也不看儿子,气鼓鼓的。儿子一边哭一边刷牙,外婆打开房门又关上了,我特别感谢母亲在这个时候没有掺和进来,这是对我们的极大信任和支持。

我问了先生一句:"需要我吗?"先生说:"不需要。"我就走了出去,果果抽噎着继续刷牙。这种哭声很少见,我大概知道他是真的伤心了,便又出去对爸爸说:"这么点儿事……"

爸爸很愤怒:"不需要你!"然后对着果果说:"闭上嘴,不许哭!"我想着刷牙闭上嘴咋刷,觉得好笑又生气。他抱起果果进了卧室,我听见他说"你自己睡",然后就出来了。

被单独留在卧室的果果爆发出了更强烈的哭声,我真的生气了。

生气爸爸并没有看到果果当晚的黏人其实是对爸爸爱的呼唤;生气爸爸不断打破和果果的约定却不做进一步的维护;生气爸爸前面无限好,但后来不管不顾用类似抛弃的方式来对待孩子可能会带给他伤害。

我们带着情绪来来回回吵了几句。我心里想,我们是成人,有啥事儿待会儿再说,先去管孩子吧,这对孩子来说已经是一个创伤了,必须马上处理。

果果蜷缩在小床里，抱着他的小狗，抽噎着嘤嘤地哭，像一只受伤的小动物，看上去又害怕又伤心，我心疼得无以复加。我赶紧爬上床，把他抱在怀里，对他说："果果伤心了，好好哭一会儿吧。"

他把小狗一扔，两只手紧紧搂着我，哭泣爆发了出来。我也紧紧地抱着他，拍着他的背，感觉到他的身体在颤抖，我的肩膀和胸口很快就湿透了。

我什么话也没说，心里涌动的是对果果和先生无限的爱和理解：做一个小男孩真是不容易，热爱父亲，却又需要和父亲天天斗牛以增强自己的内力；做一个父亲更不容易，要支持孩子的成长，就得承受来自儿子的冲击。我知道先生这两天工作上遇到了十分焦虑和头疼的事，还要陪伴舍不得自己出差的儿子。我真切地看到他尽力了，我也看到自己的生气对他们父子俩的交流起到了负面的作用。我对先生的怒气瞬间消失殆尽。

我继续抱着果果，他还在伤心地大哭，这大哭与以往完全不同，这是伤心的人才会有的哭泣。我继续支持他通过哭泣释放积压在心里的委屈、害怕、恐惧、伤心和难过。

我看他呼吸渐渐平静，但还是有继续哭的感觉，大致觉得他应该还没有将内心的情绪清理干净。

我亲亲他说："刚才很伤心，是不是？"

果果抽噎着小声地回答我："是。"

我问他："刚才还很害怕，害怕爸爸揍你，害怕爸爸不要你，是不是？"

果果点点头，在我怀里又大哭了起来。

我继续抱着他，任由他的眼泪鼻涕一大把地糊在我身上。一边拍着他，一边对他说："果果，爸爸妈妈永远爱你！我们不会揍你。虽然有的时候，爸爸妈妈会生气，可能还会很生气，这可能会让你感觉到害怕，但这不影响我们爱你。爸爸刚才一直说不喜欢你哭，爸爸可能认为你是在用哭来帮自己提要求。爸爸好像更喜欢你直接说出你的想法，而不是哭。"

果果哭声渐小，我继续说："果果刚才是不是也很生气，还跺脚大哭，对吗？"他没说话。我继续说："你很生气的时候对着妈妈大喊大叫，妈妈是不是也可能会生气啊？可是妈妈还是很爱你，妈妈理解你也会有不开心想发脾气的时候。今天晚上，爸爸和妈妈也发脾气了，很正常对不对？"

他停止了哭泣，看起来这个阶段结束了。但直觉告诉我，事情还没完。

我接着说："爸爸妈妈很少吵架，是不是？"

果果："你们吵了两次了！"

我低头看着他被泪水冲刷过的泛着亮光的脸，知道我的方向走对了。

我："哪两次啊？"

果果："我记得我三岁的时候你们吵过一次，还有一次我不记得了。"

我心里想，那不就是今晚嘛！看来孩子太害怕，直接防御了。

我笑着说："你记性这么好啊？看来爸爸妈妈很少吵架的。还有一次是不是今晚啊？"

果果有些不好意思地说："是"。

我说："妈妈想跟你说，爸爸妈妈吵架是我们两个人的事，和果果没有关系，这不是果果的错。"

本来已经止住哭泣的果果头一仰，放声大哭！

我心疼得不行，抱着他，继续对他说："妈妈陪着你，爸爸妈妈吵架不是果果的错，我知道你害怕还担心我们了。"

果果哭了好一会儿，然后把头靠在我身上，我知道可以收尾了。

我仍然强调："爸爸妈妈争吵和果果没有关系，这是爸爸妈妈的事，果果明白了吗？"

果果点点头。

我进一步解释："爸爸妈妈吵架是因为我们看事情的观点不同，我们都不同意对方的想法，时间又晚，我们也很累了，所以就用最简单最粗暴的方法沟通了，但这真的和你没有关系。"

果果从我怀里站起来，穿上拖鞋，对我说："我好了。"

我心里的石头落地了，准备回来睡觉。他在关卧室门的时候对着客厅大喊一声："爸爸！"然后一溜小跑冲过来。

我明白了，他还需要和爸爸联结，进一步确认爸爸是否还爱他。

我抱着他，悄悄地对他说："你是不是想去看看爸爸？"

果果说："是！但是我害怕。"

我对他说："去吧，去看看爸爸吧，想说什么就说什么。"

他犹豫了一下，拉开门去找爸爸。我隐约听见爸爸好像还是硬邦邦地回应着他，他灰溜溜地回来找我："我跟爸爸说我好了，爸爸让我来睡觉。"

看着他失望的眼神，我蹲下来悄悄地对他说："我们一起去找爸爸，然后对爸爸说，你别生气了，好不好？"

他开心地跳起来，拉着我的手走到了客厅，先生正在看书，看我们两个走到面前，抬眼说："干吗？"

果果吓得往后退了退，我拉着他的手："我们一人一边好不好？"他瞬间又眉开眼笑，我们一起扑到爸爸身上，一人一边给了爸爸一个吻，然后一起说："大宝贝，别生气啦！"

爸爸放下书，也放下了铠甲，抱着果果说："现在，我需要和你单独待一会儿。"

等果果再回到床上，他对我说："妈妈，我和爸爸又是好朋友了。我爱妈妈，我爱爸爸。"

第六章
情感管理

我想以上的场景，大家应该都不陌生，一个保护孩子的母亲，一个维护规则硬邦邦的父亲，一个爱着父母的孩子。三个人都有情绪，经由冲突中的看见，我们每一个人都让情绪有了一个表达的过程，这其中很重要的是，要认识到情绪背后都对应着正向的动机和需要，对这个部分的看见，真正地让情绪得到了流动和释放，也拉近了亲人之间的距离。

让情绪流动的几个小方法

让情绪流动起来，除了上文提到的允许、表达、看见正向动机之外，还可以使用身体。因为情绪是能量，它藏在身体里，活动身体可以帮助情绪流动。对小孩子来说，入睡前帮助他轻柔地按摩一下身体和四肢，可以帮助他释放白天积攒的情绪能量，对于大人来说，增强体能管理也是很好的可以帮助疏导情绪的方法。

大家还可以使用自由书写的方式帮助自己的情绪流动，这个练习我推荐给了非常多的学员，也是母亲自我管理工作坊的必修作业，它很适用于强烈需要情绪流动的人。

用自由书写练习来表达情绪分为如下几个步骤：

1. 定一个10分钟的闹钟，然后开始自由书写，用这个句子开始："回看刚才我所经历的事情，我想对自己说……"
2. 在写作过程中，请让你的笔跟随你的心，想到哪里就写到哪里，不要有任何的评判，这是写给你自己的，所以，尽量大胆地书写，不要停下来，直到10分钟的闹钟响起；

3. 当闹钟响起之后,无论你写到哪里,都请停笔,重起一个段落,再定3分钟的闹钟,以"其实,我真正想对自己说的是……"作为结束语,再开始写;

4. 当3分钟的闹钟响起时,无论你写到哪里,都立即停笔。

这种书写只是一个帮助你情绪流动的工具。你可以保留(请注意其私密性),更多的时候你可以选择销毁。

这个练习将非常有助于你的情绪排解和自我照顾,当你需要陪伴而无人在身旁的时候,这是一个可以很好地支持你自己的方法。

当你的情绪平静下来之后,还可以进一步做返场练习:与那时的自己对话,如果再经历那样的事情,我可以怎么做?

第四节
情绪对应着正面的爱的动机和需要

看见情绪的现状和正向的动机

当情绪发生时,不论是正向的还是负向的,首先需要被关注,也就是说"我开心的时候,你看得到,我不开心的时候,你也能感受得到"。

其次,情绪还需要被"看见",深深地看见,而不仅仅是被关注。也就是看到自己为什么开心,为什么伤心,这其实对应着正面的爱的动机和需要。

第六章
情感管理

有一年,我和朋友一家去旅行。朋友的女儿和我儿子果果一起"探险",在山路上摔倒磕着了膝盖,哇哇大哭着找妈妈。我朋友一个箭步冲了过去,抱着她的孩子说:"哦哦哦,摔疼了。妈妈在,我们孩子最勇敢了,不疼不疼!"

妈妈的安慰非常温柔,可是孩子反而哭得更大声了。

根据我的观察,她其实就是绊了一下,膝盖并没磕破,何至于如此痛哭呢?妈妈的安慰为什么无效呢?

我的这位朋友基本 7×24 小时陪伴着孩子,对孩子的关注度其实是非常高的。她的安慰看上去也是非常温柔的,只是从有效回应孩子的角度上来说,还差了那么一点点,这一点点就在于对孩子情绪背后"正向动机"的回应。

我当时说了一句话,孩子马上就不哭了,转身追哥哥去玩儿了。

我的朋友非常惊讶,平常遇到这样的情况,没有 10~20 分钟是不可能结束的。为什么我短短一句话就能让孩子那么快控制情绪呢?

其实,我当时的做法除了语言还有肢体动作,而我们平日里可能都太在意语言了。

当时,我蹲下来,在她妈妈身后看着她(她妈妈抱着她,她的头抵在妈妈肩头)。我的目光是温柔的,充满慈爱的,我就那样看着她,然后说:"妹妹好努力想追上哥哥,不小心被石头绊倒摔到了膝盖,好像很疼的样子。"然后我伸出手摸了摸她的头。

就这样我和她之间,完成了一个"看见"的过程。

为什么这样一个过程可以帮助这个小女孩停止哭泣,使她转身离开自己的母亲,重新投入玩耍呢?

首先孩子的"动机"被我看到了:她很努力要参与哥哥的游戏,

跟随哥哥，她喜欢玩耍，她充满了力量。这个部分我先讲出来，可以帮助孩子想起自己的初心，而不是纠缠在和母亲的情感互动中。因为妈妈否认了她的疼，她才有了更为厉害的号哭，当然，我们也可以理解为，她可能真的很疼很疼，妈妈的爱让她打开了情绪的闸门。但从后面她立即起身奔跑在山路上的样子来说，我更认同前一种假设。

其次，她的"现状"也被我看见了，并且是没有评判地看见：被石头绊倒了，好像还有些疼，而不是否定她疼。"哦哦哦，摔疼了。妈妈在，我们孩子最勇敢了，不疼不疼！"朋友也看到了现状，但她在否定孩子的感觉。

当情绪来临时，尽可能地看到情绪的现状和其背后的正向动机，这将对我们有效管理情绪有极大的帮助。这个时候，看见就是疗愈，不需要多余的语言。

没有"看见"，任何鼓励都是控制和压力。

如果我们真的看见了自己的孩子，就会引导孩子充满希望地不忘自己的初心，快乐幸福地去成为他自己。就如同这个小女孩那样，她的转身给了自己的妈妈一个非常好的帮助。孩子会通过这样的方式提醒我们：父母常常做得太多了。

我值得拥有所有美好

最后，爱自己从建立自己的值得感、资格感、能力感开始。我们可以常常对自己说"我值得拥有所有美好的感受"，也可以通过记录幸福日志发现环绕在自己身边的幸福，这些都从信念上带给我们更多的值得感、资格感、能力感，也会让我越来越认同"我值得先照顾好自己"，帮助自己成为更加敏感、清晰和稳定的人，这本身就是一种非常好的情感管理的根基。

当这三感的储备越来越厚实的时候，我们会发现，无论晴天下雨，自己都会比较安定，丰盛自己的同时，情绪也渐渐清晰和稳定起来。

九层之台，起于垒土。这部分的练习依然是坚持记录幸福日志。

在这一章的最后，我想把诗人鲁米的《客栈》送给大家，"在对与错的区分之外，有片田野，我将在那里见你"，愿你和你的情绪成为好朋友。

客栈

人的一生好比客栈，

每个早晨都有新的来客。

"欢愉""沮丧""卑鄙"

这些不速之客，

随时都有可能会登门。

欢迎并且礼遇他们！

即使他们是一群惹人厌的家伙，

即使他们

横扫过你的客栈，

搬光你的家具，

仍然，仍然要善待他们。

因为他们每一个

都有可能为你除旧布新，

带进新的欢乐。

不管来者是"恶毒""羞惭"

还是"怨怼"，
你都应当站在门口，笑脸相迎，
邀他们入内。
对任何来客都要心存感念，
因为他们每一个，
都是另一个世界
派来指引你的向导。

当我们更懂自己、爱自己、善于滋养自己之后，或许就想要更多地发展自己。发展自己需要突破过往的思维模式和局限，关注自己的关系管理，这样才能在生命中引入更有创造性的可能性与发展空间。

第七章
思维管理

Chapter Seven

我们使用思维来规划生活。一个人思维的深度和广度与个人的体能、自我暗示、时间管理和创造力有关。本书前面的内容或多或少都涉及了这几个层面的准备和练习，如果你坚持记录并使用幸福日志和时间统计法，我相信你在体能、自我暗示、时间管理和创造力这四个层面都会有很好的基础构建。

　　如果你是练习一段阅读一段的话，我猜你极有可能已经感受到自己在以上四个层面的进步，初步尝到了幸福日志和时间统计法带给你的甜头。

　　幸福日志和时间统计法依然是本章内容的基础练习，你对自己感知世界的幸福提炼，对时间开销记录的统计分类和实践反馈，本身就是一项极好的思维训练——幸福日志会潜移默化地将你的自我暗示引领到更为积极的方向；对于时间的分类统计和自我反馈，将会极大地支持你提升时间管理和创造的能力。至于体能，我在体能管理那一章里提供了大量的操作方法。

　　读到这里，你一定会发现，我不断重复的幸福日志和时间统计法是整个母亲自我管理的核心练习，看上去平淡无奇的练习确实可以让自己快乐地生活。喜悦地去练习，去做去实践去成为吧！

第一节
在放松中思考

通过减压阀放松大脑

画家达·芬奇在《论绘画》中写道:"时不时离开工作放松一下是个非常好的习惯,当你回到工作时,做出的判断会更加准确,而持续工作会降低你的判断力。"中国古人也建议我们要"张弛有度"。

思考会耗费巨大的能量。拓展思维需要我们以足够的放松和休息为前提,关键是如何让正常工作的大脑间歇性地得到休息。

第五章中提供了大量的减压阀,都是可以帮助大脑有效放松的好方法,同时也可以帮助思维再生并有助于保持专注和高效。

我相信当你精力充沛的时候,学习新东西也是比较容易的。所以,锻炼身体不仅可以恢复和增长体能,还能对增长认知能力有所助益。

感受自己的思维模式

在大脑放松的时候,我们更有机会去有意识地感知自己的思维模式。因为,当大脑紧张工作的时候,会进入无意识的运转过程,我们很难有机会来观察自己。

通过时间统计法，我们可以观察自己的思维是积极还是消极的，关注细节还是系统（点还是面），在意情感还是事实。

当对自己的思维模式有了系统清晰的认知之后，我们就可以进入到有意识的训练中来了。

第二节
保持专注与乐观

首先进行身体、情感的准备和管理

可持续地发展我们的思维能力，需要有良好的体能和情感管理的准备基础。

在身体层面，睡眠太少、生病、吃得过饱、饥饿、寒冷、炎热或者疲倦等，都会使人注意力难以集中。

在情感层面，焦虑、挫败和愤怒的情绪会干扰注意力，损害乐观积极的心态，尤其是在面临高度压力的情况下。例如拖延，难以集中精力处理一件事，就和压力过大或过度焦虑有关。过于兴奋、极度愉悦也会让思维难以平静。

体能、情感和思维方面的训练是相辅相成的，你可能也会发现本书的每一个章节之间是彼此关联、相互支持和成就的，核心依然是幸福日志和时间统计法的观察基础。

在整体和局部之间，用游走的方式保持专注

如果你能对自己的愿景有所思考并通过时间统计法观察到自己的时间大部分分配给了什么样的事情时，你大概也就能了解到什么样的事情对你来说是重要的，然后聚焦你的时间、体能、情感去支持这些重要的事情在你的生命中更多地发生，这是寻找通向你重要愿景的路径之一。

当你的愿景清晰地浮现在脑际的时候，你就有了整体的方向，通过逐层往下拆解你需要构建什么样的身份、信念/价值、能力、行为、环境来支持愿景的实现。这个时候，你就得到了局部目标。

通过局部目标的不断实现，你会逐渐靠近自己的整体方向。有整体方向的指导，你会更加高效、专注地完成局部目标。这样游走的方式，保持了你在每一天的时间分配中的专注和高效，对思维是极大的锻炼。

积极的自我暗示：转化受害者的角色

我希望你到这一章已经积累了不少幸福日志以及时间开销记录，你可以对生命中的事件进行回顾，观察自己在事件中扮演的是受害者还是创建者的角色，这会给你带来进一步的自我认知。

通过持续地进行幸福日志的记录和时间统计法的自我反馈，可以帮助你转化受害者的角色。

快乐地生活，喜悦地练习。踏踏实实、持之以恒其实是最笨拙却又最有效的捷径。

高效的时间管理：回顾生命关系罗盘

读到这里，需要你停下来去回顾一下自己在生命关系罗盘中的练习答案，看看你最重要的角色是什么。

时刻记得心中最重要的角色，有助于你对时间和精力进行有意识的分配，勇敢地说"不"，拒绝无谓的消耗，进而高效地支持到你的专注。

同时，又因为你不断地、越来越多地做着自己看重的事，你的自信、价值、资格感都会得到提升，自我认同度也会越来越高，乐观就这样悄悄转化进了你的生命。

第三节

重塑大脑

改善大脑的几点建议

每天进行思维准备和总结反思。思维准备可以激活大脑，唤醒大脑的活力；总结反思可以有效地让大脑进行整合，大脑细胞之间的联结将会得到强化。

幸福日志和时间统计法，首先具备思维准备的功能，而自我观察和自我反馈启动的是总结反思的功能。

进行积极的自我对话。持续不断地进行积极的自我对话，将会重塑我们内在的情感模式。无疑，幸福日志具备这样的功能，祷告和冥想也具有同样的功能。

定期运动。大脑首先是物理的存在，"只占体重2%的大脑，需要人体25%的氧气供给"，身体强健可以很好地支持大脑的需要。定期运动对于激活疲惫的大脑必然是有巨大的帮助。

提高创造力。源源不断的创造力可以让大脑充分地工作，并刺激不同的区域。创造力从哪里来？可以从观察生活、打开感官而来。

参与分享和交流。与他人互动，可以突破自我的局限，获得更加开阔的视野和可能性。例如认真做本书中提供的练习，可以邀请家人和朋友共同参与，定期分享和交流，都会让你的大脑马力十足，并获得更多的支持。

实践练习：每天布置不一样的餐桌

重塑大脑，听上去是一件非常难的事，不用担心，我在这里给大家提供一个简单到让你惊讶的练习。这个练习也是本书中除了幸福日志、时间统计法之外，第三个我希望你可以天天去做的事情——每天布置不一样的餐桌。

这个练习是母亲自我管理工作坊中的核心练习之一，学员们做起来很快乐，一段时间之后，她们大多反馈这对自己和家人非常有帮助，家里显得更有活力和创造力了，关系也改善了很多。这是为什么呢？

首先，每天布置不一样的餐桌，符合重塑大脑的所有要点：你需要准备餐桌上的内容，这是思维准备；每天要构思设计，这是总结反思；家人因为你的精心准备和时间分配逐渐感受到你的爱，这有助于

第七章
思维管理

你重建自我积极对话；要买食材、摆餐具、做造型、擦桌子，这是家务劳动，算是定期运动；每天要不一样，这是创造力；做记录，发朋友圈，和家人讨论他们爱吃什么，这是交流与分享。

其次，餐桌是一个家庭中交互最密集的公共空间，是每一个家庭成员都要在同一时刻、同一地点聚集在一起的地方，是关系交互的重要场所。卧室、客厅、厨房、卫生间要么半开放，要么私密，家中没有一个地方可以像餐桌这样聚拢所有人的目光。

当你在大家的共同交集处投注时间、精力、爱和创造力的时候，你就会滋养到家中的每一个人。

第三，民以食为天。餐桌是家庭成员必经的地方，你持之以恒的变化，必然会引起家人的注意，这会增强家人之间的联结。

希望下面的学员反馈可以帮助你开启每天布置不一样的餐桌的练习。

"我坚持布置早餐的餐桌。第一，在布置过程中的积极体验（自己和家人的心情愉悦），使我内在的动力增加，因而慢慢喜欢上这个活动；第二，学友之间的分享又强化了这个布置和分享的过程，我打算继续做下去。因为这个活动愉悦身心，开启了美好的一天。我和家人值得拥有。"

"我开始每天布置餐桌了。因为家里孩子小、老人多，老人不太注意收拾。我希望这样的整理能给家人带来好心情。我会继续坚持。"

"坚持的原因是我觉得做这件事让我很开心，很愿意去实践，和家人坐在一起分享自己的成果和快乐是一件非常美好的事情。"

"我打算继续做下去，因为和大家分享不光是视觉上的享受，还有学习做菜上的动力。这都给了我继续做下去的支持。"

"坚持是因为明显感受到家里的能量场变得轻松愉快,丈夫有微妙的变化,孩子和婆婆都很开心。"

"坚持的原因是希望家人看见整洁的餐桌心情变好,还有一部分是希望自己养成这样爱收拾的习惯,不要懒惰不要拖延,身教言传给孩子。"

"这样每天都能督促自己更好地进入生活,活在当下。每天改变餐桌,改变自己的心境,改善家庭的环境。"

爱,就是在一起吃好多好多顿饭。全然地和自己的日子在一起,活出丰盛而真实的自己,从**每天布置不一样的餐桌**开始吧!

第八章

关系管理

Chapter Eight

第一节
经营家庭经营爱

人不是孤岛，我们都活在关系里。与自己、与他人、与万物的关系质量决定着我们的幸福指数。当我们要丰盛自己，寻求幸福的生活时，对关系进行管理就势在必行。

前面分享比较多的是如何改善和自己的关系，这一章我们会较多地分享如何与他人建立和发展关系。

一个女人之所以成为母亲，和另外一个男人有关。所以我会首先把关系放入亲密关系及家庭的背景中来讨论；其次，我会简要地聊一聊倾听与沟通技巧。

从我到我们，是进入深度亲密关系的开始

你准备好经营家庭经营爱了吗？准备挪出时间和精力来支持自己在关系里发展和丰盛了吗？你的意愿将决定你在关系里与他人的亲密

和联结程度。

组建一个家庭是经营更深度亲密关系的开始。

所谓相爱容易相处难，当我们不断地进入亲密关系的深入交互时，可能痛苦也会随之出现。

关系、爱和婚姻都需要经营、需要建设、需要交互、维护，并且发展，需要付出很多很多的努力（见图 8-1）。那么，我们应该怎么做呢？

经营家庭，经营爱

Will 经营意愿	What Not 不做什么	What Yes 做什么	How 怎么做
1. 关系现状小练习 2. 求同存异：从要求到邀请 3. 关系经营的核心：从我到我们	1. 我要为你负责 2. 你要为我负责 3. 不讨论感受	1. 对等身份，自我照顾与自我成长 2. 表达情绪 3. 你好我好大家好的三赢心态	1. 肯定的言辞 2. 精心的时刻 3. 接受礼物 4. 服务的行动 5. 身体的接触

图 8-1 经营家庭经营爱的原则与方法

- **爱的小练习：喜欢两个人**

现在，我想邀请你尝试做以下这个爱的小练习：请闭上眼睛聆听歌曲《喜欢两个人》，然后去想念一个人。这个人最好是你的伴侣或者你亲密关系中很重要的人，例如你的父母或者子女。

你可以一边听歌，一边欣赏歌词，然后静坐 3~5 分钟去想念。

第八章 关系管理

喜欢两个人

唱：彭佳慧

词：姚若龙

曲：陈国华

没必要回想刚刚下大雨的黄昏

此刻夜空只有美丽的星辰

走过了甜酸各一半的旅程

我单薄的心才能变得丰盛

心会累爱会冷

这是感情必经的过程

只是有人就放弃

也有人愿意再等

等一个发现

等一个感动让爱再沸腾

就算很在乎自尊

我们依赖彼此 不得不承认

放弃自由喜欢两个人

绑住的两个人

互不相让还是相爱分享一生

不爱热闹喜欢两个人

就我们两个人

在浮动不安的世界里 找到安稳

有时候关心就是交换一个眼神

抚慰就是暖暖紧紧的拥吻

疼爱是不讲理也让我几分

体贴是偶尔准你不像情人

心会累爱会冷

这是感情必经的过程

只是有人就放弃

也有人愿意再等

等一个发现

等一个感动让爱再沸腾

就算很在乎自尊

我们依赖彼此 不得不承认

放弃自由喜欢两个人

绑住的两个人

互不相让还是相爱分享一生

不爱热闹喜欢两个人

就我们两个人

在浮动不安的世界里 找到安稳

放弃自由喜欢两个人

绑住的两个人

互不相让还是相爱分享一生

不爱热闹喜欢两个人

就我们两个人

在不安的世界里 找到安稳

每个人在做这个练习的时候都会有不同的反应，在我的工作坊中，比较普遍的是下面三种情况：

第一种情况是你可以很快就想到对方的脸，你还可能会感觉到他的一些表情。这样的话，你可以看看他的表情是什么，是愉悦的、平静的、悲伤的、难过的还是其他样子？可以在心中和他对对话，你觉得他想和你说什么。

第二种情况是你很努力地去观想，但是看不见对方的脸。这个时候你可能需要去问一问自己，为什么我看不到他的脸呢？我有多久没有看过他了？是我不愿想起还是他不愿意让我看到？我有多久没有看过自己了？

第三种情况是你可以模模糊糊地看见对方，但是始终都看不清楚对方的模样和表情。这时，你可以想想你们之间有多久没有交互了？关系质量如何？亲密还是疏离？

这个小练习可以帮助我们比较快速地经由潜意识去观察自己和所观想的重要他人的关系现状：你们的关系质量如何？你的主要感受是什么？同时，还可以给你们关系的四个层面进行评分：亲情、友情、爱情、激情。每项满分 100 分，低于 300 分基本就说明需要你关注并投入精力来维护和发展这段关系，当然，这得首先取决于你的发展意愿，其次，才是如何与对方沟通和互动。

- 求同存异：从要求到邀请

要留在关系里，需要关系中的双方共同努力，而终止一段关系，一个人做决定就足够了。这也是为什么维护一段关系更加困难的原因。

很多人说"我参加了亲密关系工作坊，但是我的伴侣却停在原地不动";"我参加了亲子教育工作坊，我对养育小孩有了一些新的看法和新的方式，可是小孩没有回应";"我参加了原生家庭的工作坊，可是我回到家里，父亲和母亲依然不理解我"……

我们去做这样单方面的努力就够了吗？很显然是不够的。那我们是不是也能要求家人做出同样的选择呢？能不能让他们和我们保持一致呢？我们有这个资格和权利去要求对方做同样的改变吗？如果学习只是为了让我们更好地控制家人，让他们变得和我们一样的话，这对关系是有很大损害的，因为这代表着：我们是对的，他们是错的。

当我们爱一个人，当我们跟一个人有很好的亲密关系的时候，我们只有一个权利：为他做一些事，想要他好，想要我们都好。请注意，这个主语是我们自己，而不是对方。当我们说"你要怎样怎样"的时候，就带着要求和控制的意思在里面了，我们没有权利去要求另外一个人必须做什么。

但是，我们可以邀请对方。"要求"对方和"邀请"对方有天壤之别。

要求对方的潜台词：我是对的，你现在不够好，你要按照我的来。你不能拒绝我，你没有别的选择，你只能听我的。这个时候，对方是没有话语权的，估计一个人被这样要求的时候，也不太能平和地反馈。"要求"容易引发对抗，将本应是一体的我们分解成了两个对立的我和你，让双方变成要说服对方的竞争者，彼此的共同交集很难被看到，经营关系会变得比较困难。

邀请对方的潜台词：我有一些好的想法，我想分享给你，你可以接受，也可以拒绝，你有选择的权利和自由，我们是平等的。我表达我邀请你的理由，你也可以表达你接受或者拒绝我的理由。如果接受，

第八章
关系管理

我们可以讨论如何一起去做；如果拒绝，我想听听你的想法，我可以如何来配合你，让我们可以沟通得更好。这就是求同存异，**君子和而不同**。

当你将要求转化为邀请时，两个人都努力的按钮也就被悄悄启动了。无论对方做还是不做，他和你都在一个平等的沟通层面上，你们有了一个共同的、开放的、可以相互交流的空间，这个空间让你们交互、沟通，你们是合作者。于是，你们就从独立的我和你变成了我们。而关系经营的核心恰好就是"从我到我们"。

● 关系经营的核心：从我到我们

在"经营家庭经营爱"的主题下我们需要看到的是，在一个家庭里面，涵盖了人这一生最重要的三个关系：

子亲关系，我们和原生家庭的关系；

夫妻关系，我们和另一半的伴侣关系，亲密的两性关系；

亲子关系，我们和孩子的关系。

从系统家庭治疗和家庭排列的角度来说，亲子关系的质量是由夫妻关系的质量决定的，而夫妻关系的质量是由什么决定的呢？是由我们和原生家庭的子亲关系决定的。

一个母亲身上对应的是多重叠加的人生关系。在这些关系当中，我们可以看到每一个个体都不是独立的，都可以被放到家庭里面去看。

这就好比你和家人都站在一个大大的蹦床上，有伴侣，有小孩，有双方的父母。你在这三层关系的核心当中。当你站在蹦床上做出任何一个动作的时候，整个蹦床都会晃动，当你挪动你的位置时，其他人为了保持平衡，也需要移动。

这样的比方可以帮助你更加清晰地看到，家庭是一个平衡系统，没有任何一个家庭成员是一座孤岛。这注定了所有的家庭关系都要从我和你构成的"我们"来考虑。当你只考虑自己或者对方的时候，这段关系就会处在动荡不安中。

将视角从我转换到我们，这是经营关系的核心。

关系发展中的三个雷区

当我们不知道如何去经营家庭经营爱的时候，我们需要先通过自我观察，规避关系发展中的三个雷区：坚持"我是对的"、托付心态、不讨论感受。

• 我要为你负责，坚持"我是对的"

不论亲子关系、两性关系还是子亲关系，当有一方坚持"我是对的"这样的状态时，对关系的破坏是非常大的。通常是那个自认为对的一方拒不妥协，通过指责对方来证明自己是对的，仿佛站在了一个道德的制高点，或者坚持"我就是完全正确的，我不需要和你沟通，你听我的就可以了"。

比较常见的肢体语言是一个人拿手指着另外一个人，或者呈现一手叉腰的豪气状。

换个角度，如果在你的关系中他人处于"坚持我是对的"那种状态时，你还愿意去改变吗？

改变往往很难在那样的状态下自动自发地完成。也许，对方非常强势，你不照着他的来，他就一哭二闹三上吊；或者你会遭受很大的

第八章
关系管理

损失，不如息事宁人，先答应下来再说。做着做着，阳奉阴违的情况就发生了。

有一些妻子会向我抱怨自己的丈夫很多时候嘴巴上答应得好好的，可就是做不到，为什么呢？因为他们的丈夫采取了"隐性攻击"的回应方式，通常表现为阳奉阴违。

坚持"我是对的，你是错的"，这是明显的攻击。另一方被迫接受，但阳奉阴违，这就是"隐性攻击"。要求对方会让对抗呈现出显性的争吵，或者类似这样隐性的反击。没有人希望自己的人生由别人来操控，不管对方是否属于好意。人还是喜欢自己做选择的自由感。

坚持"我是对的，你要按照我的来"，背后更深层次的愿望是"我要为你负责，你是我的"。这无异于对另外一个人生命自由的剥夺。然而，我们其实无法对另外一个人的生命负责，我们负不起这个责任。这个基础本身就不成立，所以产生冲突是必然的事。

学习邀请对方，允许对方有拒绝自己的权利，保持和对方的平等，这就可以帮助我们规避这个雷区。

- **你要为我负责，我托付给你了**

这个雷区跟我们自己原生家庭的关系比较密切。

我们最常听到的"托付"就是在婚礼上，女孩子的爸爸说"我把女儿交给你啦"，或者说"感谢我的女儿找到了一个好的归宿"。实际上这是我们文化里的一个潜意识，就是女人在婚姻里面是可以托付的，是可以依赖一个男人的。

但恰恰在独生子女政策之后，我们的大环境发生了改变。大部分女孩的父母倾注了很多刚性的力量来调动女孩身体里面那个"男孩子"

出来工作，所以这个时候小两口的身份和角色就可能会有冲突，例如出现很多"女汉子"，女方事事都要负责和掌控，或者女方难以承认自己的身份和女性的角色，活得比较拧巴，这样的情况都比较难以顺应和调整。

如果在关系中，一方依赖于另一方，这也是不平等的，会损害双方关系。每个人都是一个独立的个体，我们不需要将自己成长的力量和任务托付给任何人。我们如何成为一个更加真实和完整的人，是我们自己的功课。

两个没有成长好的、不够成熟的人组建家庭，将会带来非常多的挑战。多多建立自己的价值感、资格感、能力感，在关系中将会很好地支持自己和他人，也就不会去让对方来为自己的选择负责任。

- **对事不对人，不讨论感受**

当两个人吵架时，有一个人说"我这是对事不对人啊，你别往心里去"，另外一个人往往会更加火冒三丈，或者感觉千般理万般由都被这一句给怼回去了，憋在心里半天出不来气。而这些气就压在两个人的关系里，会为未来两个人的生活埋下"地雷"。

对他人的情绪做一个观察和看见的工作之后，你再来"对事不对人"才会有好的效果。否则，"对事不对人"很像是"我是对的"这样信念的化妆版。

看见、表达感受在规避这个雷区的时候非常重要。很多课程都会教学员不要把情绪带回家。我恰恰非常反对这样的提法。人的情绪需要表达和流动，如果一个人的情绪不可以在家里被接纳，不可以在家里去讨论，那情绪要流动到哪里呢？

情绪得不到有效疏导，就会有很多变身的表达：比如借着孩子不睡觉对孩子发一通火，或者废寝忘食地工作，或者生病，或者找个情人好让情绪有人倾听，或者到外面去发脾气跟别人打一架……

情绪一定是需要一个出口的。如果你已经决定了要跟对方温暖地生活一辈子，为什么不可以把情绪带回家表达呢？当你有情绪的时候可不可以在家庭里面表达，实际上也是考验亲密关系的一个很重要的指针。

学习怎样去表达自己，表达自己的内在感受，邀请对方加入你、帮助你、支持你，完成情绪流动的过程，都可以帮助你去构建一个与对方更好的关系。

如何在关系中成长

• 对等身份，自我照顾与自我成长

上文提到的第一个雷区"坚持我是对的"，通常容易出现在缺乏沟通的家庭里面。

一个学员告诉我，她的婚姻到了一个冰点。她这半年做了大量的功课和学习，但是她的丈夫就是待在原地不动，不论她一哭二闹三上吊，还是冷漠地对待丈夫，丈夫的反应都是"你做你的，我做我的"。

丈夫的反应让她非常愤怒，她选择了从最初的指责到现在的疏远。她觉得"你不改变，那我自己做我的，我不管你就好了"。但是她依然很痛苦，进也不是退也不是。

出现了什么问题呢？我帮她梳理了一下家庭关系，我发现她对先生的沟通是"要求"而不是"邀请"，她一直从自己的角度来考虑，

希望丈夫变成和她一样的人。

"从我到我们"在他们的沟通中缺失掉了,她把自己的丈夫"弄丢了"。

我们要和伴侣构建对等的身份,不要用道德去评价对方或者指责对方,虽然评价和指责是最容易的事。我们要先让自己做一些调整和改变。当我们调整改变之后会引发对方的兴趣,让对方主动靠近,在靠近我们的时候也要注意,自己不要一下子像倒豆子一样,把所有的事情都告诉对方。

对方的节奏和我们不同,我们要"因材施教",要根据对方的状态去观察,他现在需要什么样的支持和帮助。当我们有这样的想法时,才是"从我到我们",然后发现我们背后的共同信念在哪里,共同的价值在哪里,这才能带来真正的沟通和融合。

请记得"非请勿帮,请了可帮",这是一个很重要的关于人与人之间心理边界的一个态度。

非请勿帮,是我相信你有足够的能力过好你的一生;请了可帮,是我把自己变成你可以使用的资源。当你用这样的心态与人交往的时候,你们都会很舒服。

针对第二个雷区"托付心态"的应对方式是自我照顾和自我成长。

《情绪疏导学》一书中对自我管理有六个标准:第一,自己可以做的不假手他人;第二,自己想要的,自己去争取创造;第三,以自己能够照顾自己为荣;第四,爱护和尊重自己;第五,有效的时间管理;第六,有效地安排自己要做的事。我们可以从这六个方向上去着手,斩断托付心态。给对方一个照顾自我的空间,给自己一个成长的空间,对自己的成长负责。

第八章
关系管理

通过前面几章的实践，我相信你会获得很多支持自己的力量来自我照顾和自我成长。

- **表达情绪**

在沟通中，我们还可以做的是使用"我语言"来表达自己的情绪，或者利用一些小游戏来转化沟通双方的情绪张力。平时，还可以通过"记红帐"的方式来储备度过情绪风暴的能量。

用"我语言"表达情绪，比如："当你说你对我说的内容不感兴趣的时候，我感觉有些不开心。我只是想和你聊一聊我今天学习的感受，我很需要你的陪伴。所以，当你拒绝我的时候，我会觉得你不想陪我，这让我感觉到有些失落。"

你可以看到这样的语言包含了：情绪（现状）和表达（动机）。这取决于你是否可以看见自己的情绪和情绪背后的需要。如果你能看见，那么在沟通中，你需要的就只是向前一步，去表达出来。

这样的表达会帮助对方更好地理解你行为背后的需要，还可以帮助他用你熟悉的方式来满足你的需要，而不是摸不着头脑，觉得你不开心，又找不到法门，这样两个人都会有挫败感。

所以，"我语言"的情绪表达其实是在帮助对方了解你，你需要"教育"对方怎么来爱你。

- **实践分享：我邀请你看见我的心**

我有一个女性朋友，脾气直来直去。在和丈夫相处的时候，遇到不开心的事情就竹筒倒豆子，一股脑儿全宣泄出来，用她的话说就是赤裸裸地呈现自己所有的状态。通常的情况是，她丈夫不用做什么，她自己就会好。用她丈夫的话来说就是等她抽风完毕就太平了。看上去丈夫似乎不用做任何事情，就像抗风抗震极其好的楼盘，任大风大浪大地震来袭，只需默然伫立就可安享太平。

只是我这个朋友每次在排山倒海的情绪风暴之后，自己是舒畅了，和先生的相处却总感觉不舒服，说不上来是为什么。她似乎可以感受到丈夫其实一直不怎么开心，问他又总说没事儿。日子不那么舒心，需要突破口。于是隔一段时间，她就会再对丈夫发一次飙，如此循环往复。通常几次之后，她丈夫就会跟她来个"秋后算账"，跟她说你什么时候说的什么话让我一直很不开心，郁闷到现在。每当这个时候我朋友就会觉得特别愤怒，"你当初难受为什么不直接跟我说呢？非要等到三个月之后才来算账"，关键是我那直性子的朋友早不记得了自己曾说过什么话了，因此还觉得特别委屈。她丈夫看上去是个回避冲突的人，每次看到她发飙便觉手足无措，不如直接回避，冷处理。

殊不知我朋友对此极其痛恨，每次铆足了劲儿想和丈夫大吵一架，却总是感觉一拳挥在棉花堆里，甚是无趣。然后就等着丈夫在生活里消极怠工，隐性攻击，双方慢慢积累不满、委屈和愤怒，再大吵一架，丈夫再来个算总账。日子消停一段时间，故伎重演。

朋友心里觉得憋屈，似乎总有一口气出不来也咽不下，堵在胸口，闷得慌。她来寻求我的帮助，希望得个"处方"回去改善夫妻关系。

细细听完她的故事，感觉里面千头万绪：双方于原生家庭养成的情感表达模式，双方互为因果的沟通方式，多年的"你打我跑，你停我杀"的方式是那么纠结……两个相爱的人如此煎熬，真让人心疼。

我问她："你找我聊这些，你的期待是什么呢？"她闷头想了半晌，似乎在千头万绪中寻找自己的突破口，最后苦笑了一下："至少能让我们锣对锣、鼓对鼓地在当下吵起来吧。"

我邀请她回想一个比较影响她情绪的场景,并试着呈现一下具体的场景和对话。朋友呈现的场景是深夜书房门口,她与丈夫的对话,丈夫一直背对着她,盯着电脑在工作的样子。

妻子:你怎么还不睡啊?都到半夜了,我快困死了。

丈夫:你去睡吧,我还有些事情没忙完。

妻子:你怎么总是那么多事情啊?明天还要早起,我老等你,都要累死了。

丈夫:没办法啊,就这么多事情啊!

妻子:你大概忙到啥时候?

丈夫:估计和平时差不多,一两点吧!

妻子:你能不能提高点儿效率啊?你老是这么晚,会影响我睡觉的。

丈夫:那我干脆睡书房,你好好休息吧!

妻子:你这么说,意思是我们又开始分居了?

丈夫:这怎么能算分居呢?你不是嫌我吵你吗?怎么这么上纲上线啊?不说了不说了!

妻子:那你就不能早点睡?

丈夫:我不是说了吗?就有这么多事情的嘛!不说了,再说我又得更晚了!

然后丈夫就不说话了,留下一个气鼓鼓的妻子站在门口,进也不是,退也不是,最后生气地"砰"的一声关门而去。

我问她:"你觉得对方的感受是什么?"她说:"估计觉得我很烦吧,每天都说一样的话,每天都催。因为我自己都觉得很烦。"

我又问她:"那你说这些话的本意是什么呢?"她回答说:"就是觉得他辛苦,老这么熬夜,身体迟早会垮掉的。而且我放心不下,总是会等他,或者被他半夜吵醒,大家都休息不好。"

我又问她:"那你直接对他表达过担心和爱吗?"她沉默了。

这是一个有意思的沉默,我等了等她。她说:"这有必要说吗?"

我没有直接回答她,而是把刚才快速记录的对话给她看。我划出了她的语言,请她站在丈夫的角度试试看,是否可以接收到她的本意。她真的很认真地去试着体验和"点评"了这段对话。

妻子:你怎么还不睡啊?都到半夜了,我快困死了。(这个听上去太像抱怨了,而且都是对方的责任导致我还没有睡觉,他需要为我的困负责。)

丈夫:你去睡吧,我还有些事情没忙完。(没有对这个困进行直接的回应,感觉像是在驱赶"嗡嗡叫"的苍蝇,这让我很不舒服。)

妻子:你怎么总是那么多事情啊?明天还要早起,我老等你,都要累死了。(依然是抱怨,还带着评价,暗指对方过于繁忙,并带着对他能力水平的疑问和拖累自己的指责——我这样都是因为你!)

丈夫:没办法啊,就这么多事情啊!(我觉得被敷衍,又是这个模糊不清的理由,哪有那么多工作!你又不是领导!)

妻子:你大概忙到啥时候?(回到原点,重来一遍。)

丈夫:估计和平时差不多,一两点吧!(又这么晚,太难受了!)

妻子:你能不能提高点儿效率啊?你老是这么晚,会影响我睡觉的。(批评,对丈夫能力的评价。抱怨对方,我睡不好都是因为你!)

丈夫:那我干脆睡书房,你好好休息吧!(啊?又睡书房,简直就是分居嘛！你是在推开我、拒绝我，我好难过！）

妻子：你这么说，意思是我们又开始分居了？（不开心，联想到过去不好的相处模式，开始生气。）

丈夫：这怎么能算分居呢？你不是嫌我吵你吗？怎么这么上纲上线啊？不说了不说了！（估计对方也觉得烦，抗拒对话，希望直接关闭对话。）

妻子：那你就不能早点睡？（面对这样的拒绝，很无奈，只能如祥林嫂般重复。）

丈夫：我不是说了吗？就有这么多事情的嘛！不说了，再说我又得更晚了！（我很不耐烦，觉得自己被忽略，许多要说的话都被堵回来了，感觉很憋屈。）

我邀请她试着用三个步骤来表达自己的状态：行为的描述、自己的感受及这个行为对自己带来的影响，并试着每句话都用"我"开头。

我们随便挑了一句举例："你怎么还不睡啊？都到半夜了，我快困死了"修改之后的表达是这样的："很晚了，我看你还没想睡觉，我有点儿焦虑啊，担心我们老这样熬夜身体会垮掉。你身体要不好了，留下我一个人多难过呀！"（并做娇媚状）。

她拿着这个"处方"回家了。三个月后，我们再次见面，她脸色红润，比起三个月之前的状态好太多了！有趣的是，丈夫带回家的工作越来越少了，有的时候两个人晚上还能看个电影。她的深刻体会是，表达自己太重要了！

一个人在一段关系中展示他的内心感受，并邀请对方看见，是一件多么需要勇气和爱的事情啊！基于对丈夫的爱和信任，她首先做出了调整，试着展露自己的内心感受和情绪，不怕被看见，不再期待自己做一个似乎一贯正确的人；试着去敞开心扉，展现"透明的真实"，显露她作为妻子和女人会有的伤心、尴尬、害怕、失望、愤怒、沮丧等情绪；不再害怕对方会怎样看她，她是否还是会被拒绝，不害怕对方是否会轻视她有这么多的情绪。在亲密关系里，她选择不再隐藏自己的情感，而是真正赤裸裸地表达自己的感受。

我们一旦向对方发出邀请，请对方看看我们真实的样子，其实也会鼓励对方向我们展现他的真实自我。我们不会彼此疏远，反而会建立一种更为亲密的关系。因为这是一种真实的关系：两个真实的人，愿意去了解真实的对方。

这样的沟通模式会去掉双方需要为对方负责的重压，呈现"我对自己情绪负责的态度"，缓解沟通的冲突。因为没有人愿意一直为另外一个人的情绪负责，那是太沉重的枷锁了，即便在亲密关系里也不可以。如果背负，自然会有各种各样沟通不良的"症状"随之出现。相反，当我们开始习惯从"我"开始说话的时候，力量也会慢慢回归内心，去寻找自己的力量，看见自己的模式，真实的改变就会自然而然地发生。

我们活在关系里，关系靠互动来维持。我邀请大家每次有感悟的时候，努力让自己的脑部的情绪能量落地，至少转换成1~2个可以让他人看到的行动。在关系里，通常1个负向的沟通至少需要5个正向的沟通才能扳回平局。

我们每吵一次架，每次感到不开心，都需要做5件让对方和自己快乐的事来缓和局面。试着想想关系里重要他人的快乐清单可能是什么，你的快乐清单里有什么，从现在就开始写快乐清单，等到情绪低落的时候，挑选清单上的事情一一照做，这样有备无患。也许你在写快乐清单的时候，才发现自己原来多么不了解自己，多么不了解对方。这正是一个询问对方的好机会，自己怎么做对方才会开心幸福呢？

我的体验是，还需要选择自己感觉最舒适的方式关照好、陪伴好自己，列一个快乐清单给自己，每天为自己积聚能量。然后，自己所需要的勇气和安全感就会生发出来，这个时候再表达"我邀请你看见我的心"，需要的只是"行为描述＋自我感受＋行为影响"这样的技术了。

祝愿我们每个人都乐享表达之美。

情绪转化小游戏。夫妻双方在平日里可以做一些游戏练习。

例如当妻子又开始唠叨的时候，丈夫就拿食指去戳她的腰部挠痒痒。这样，在不使用语言的情况下，就可以帮助妻子刹车，还不会影响夫妻俩的感情。用这个小游戏可以轻松化解夫妻之间的隐性冲突，也能帮助容易唠叨的妻子进行自我觉察。

丈夫的手势一出来，两个人的情绪感受就进行了一个外化的过程。再比如拿食指放在嘴边发出"嘘"的声音，是一个约定俗成的安静手势，威力无穷，比大喊"安静"的效果要好得多。

所以，在两个人的关系中，可以去创造一些非语言信息来帮助双方进行情绪的转化和外化表达。这种方式在夫妻和亲子之间，尤其有效。

记红帐。这是幸福日志的分支。你可以尝试每天去发现重要他人的优点：他为你做了什么事，说了什么好听的话，他有什么优点……把对方"金光闪闪"的样子记在小本本上，这就是"记红帐"。当你和他之间发生冲突的时候，这个小本本积累下来的正向积极的观察会帮助你比较容易地处理和他之间的情绪风暴。

- **"我好你好大家好"的三赢心态**

三赢心态(原则):我好,你好,大家好。把握住这个原则,经营家庭经营爱才会比较容易。

三赢心态可以帮助我们从更大的系统中来看每一个人,看到自己和对方之外的情境,而不是将目光锁定在自己或者对方身上。这通常会让我们的沟通变得平和有效。

爱的五种语言

能被对方感受到的爱才是真爱,否则只是满足我们自恋的表达而已。"我都是为你好"是一句为了实现控制、披着爱的外衣的谎言。

在每天的交往和沟通当中,我们要去做哪些事儿来帮助自己更好地经营家庭经营爱呢?下面我将从积极心理学的角度给大家分享一个工具——"爱的五种语言"。它来自美国一位非常著名的心理学家盖瑞·查普曼,他在大量的工作坊和研究的基础上写作了《爱的五种语言:创造完美的两性沟通》一书,在这里也推荐给大家。

在学习"爱的五种语言"之前,请先观察和判断你和对方的爱语,可以关注以下三个信息:

1. 如何感受爱?
2. 如何表达爱?
3. 如何抱怨不被爱?

这三条信息可以帮助你了解自己和对方的爱语是什么。

同时按照如下五种爱语的标准，对你的幸福日志和时间统计法进行分类，你就会比较快速地感觉到自己和对方的爱语是什么。再结合对以上三条信息的思考，你将能够**用对方爱的方式去爱对方，邀请对方用你所爱的方式来爱你**。

- **肯定的言辞**

关键点：鼓励、肯定，用仁慈、谦和的心态去鼓励和肯定。

练习：现在你就编辑一条短信给伴侣："亲爱的，谢谢你和我吵架啊！谢谢你和我一起做育儿的拓荒者。谢谢你每天和我生活在一起。"

关于这个练习，你可以发挥自己的创造力，比如可以利用当天的天气，跟对方说："亲爱的，在这样寒冷的天气里，我想到你心里就觉得很温暖。"有可能你发过去以后，对方会问你："你今天怎么啦？"你可以直接跟他说："老师让我做这样一个练习！"然后你再去看这个时候他有什么感受。

这个练习我经常要求学员去做，也会得到非常多有趣的回应，不管那些回应多么可笑，不管他们怎么样回应你，希望你通过这样的练习让对方看到"有一个人在为关系而努力"。

- **精心的时刻**

关键点：同在一起，精心地会话，学习交谈。

当你不知道对方的爱语是什么的时候，"精心的时刻"也许是你可以尝试的一种方法。当你和他在一起的时候，关注你和他在一起的感受，不论你做什么，不做什么，也都是一种默默的表达，表达你对这段关系的重视、投入和支持！"精心的时刻"还包括精心的会话及学习交谈。

小练习：

（1）在家里建立一个"养机场"，和家人约定当你们在一起的时候，手机需要放进"养机场"里，说话的时候要看着对方，认真倾听对方的表达，等等。

（2）和家人朋友约定，外出吃饭的时候，谁看手机谁买单。

之所以为大家设计这两个小练习，是因为在我的观察里，手机现在几乎已经成了夫妻之间的第三者，亲子之间的另一个更重要的"孩子"，朋友之间的金刚罩。手机阻隔了人和人面对面的沟通，拿掉手机，和对面那个人发生真实的联结吧，这就是你们的精心时刻。

- **接受礼物**

关键点：把自己当成礼物。

除了金钱可以买到的礼物之外，礼物其实还包括了很多可以表达心意的东西，比如一片树叶，一束花，或者你把自己安安全全地带回家，都可以是礼物。

关键是投其所好，这就需要你多花时间去了解对方。同时，你也要对自己喜欢的礼物有所感觉，如果你喜欢被送礼物，可以明确地告诉对方，这样一可以满足你自己，二可以帮助对方避免花心思去猜及猜错的尴尬和无力感。

- **服务的行动**

关键点：将服务的行动转化为爱的表达。

不擅长表达爱意的男士们，大部分都会选择这样的爱语来进行自己爱意的表达和流露，所以这个时候需要亲密关系当中的另一方多多去感受和看到对方是如何通过"服务的行动"来表达爱意的。

同时，假如你表达爱意的方式是通过提供"服务的行动"，那你可能需要增加一个表达，比如"当我在做这顿饭的时候，我是在表达我的爱"。另外，也需要训练自己将对方服务的行动转化为爱的表达："老公给我倒洗脚水，这是他很爱我的表现"。

- **身体的接触**

关键点：触碰，抚摸，性。

夫妻之间的接触除了性之外，还有很多方式。比如说摸摸头发，抱一抱，给对方做一个按摩……这些我们都把它叫作身体的接触。

在我们的养育背景和文化中，身体的触碰是比较少的。当你和对方都羞于表达的时候，身体上的零互动就更可能成为关系的杀手。

我常常建议夫妻双方脱离开熟悉的家庭环境，让彼此放松和做自己爱做的事，增强彼此之间身体的联结，将会更好地促进夫妻之间的情感质量。

前文描绘了经营家庭经营爱的基本态度，了解了在经营过程中可以做什么及怎么做之后，我们接下来继续看看在做的过程中，如何更好地倾听与沟通。

第二节
倾听和沟通的技巧

古人对于学习提出了"道、法、术、器"的概念，在倾听和沟通领域，同样适用。

态度是"道"，是方向。在沟通的场景里面，每个人都不同，但沟通是有共性的。这些共性就是所谓的"道"，类似数学学科里面所说的公理，我们要做的事情就是去发现它，提炼它，然后掌握它，践行它。

其次才是技术，技术就是"法、术、器"，法就是方法，术就是技术，器就是工具。因为我们每个人都是不一样的，每个人的个性也不同，所以我们需要在态度（道）的指引下，去创造新的属于自己的技术（法、术、器）。

当我们可以创造并寻找到能够在生活当中实践和运用的技术时，这些技术用起来就会很顺手。因为这是我们自己发现和寻找到的，它会让我们在使用的时候更有动力，更加愉悦。下面我将分享一些在倾听和沟通中需要注意的关键点。

不为对错，只为关系

关于"倾听和沟通"这个主题，我会设定一个基础的假设：沟通是因"不为对错，只为关系"而存在的，这种状态是我们努力的方向。

- **摒除"我是对的"信念**

沟通当中容易引发冲突的一个重要原因，就是坚持"我是对的。"

这样的冲突放到孩子身上，父母都会觉得孩子在逆反。一份权威的数据调查显示，父母对孩子的评价有 70% 以上是否定性的。也就是说，在父母的眼里，很多孩子都是逆反的。那么这个时候我们来问问孩子："在你们眼里父母是什么样子的呢？"我们会看到孩子眼睛里面父母也是逆反的。

第八章
关系管理

当我们坚持"我是对的"信念的时候,我们在内心是不允许与自己有联结的人犯错的。当他们和我们不一样的时候,我们都会觉得他们是错的,这是一个很要命的信念,这是一种二元对立的内在信念。

"倾听和沟通"是为了增强沟通的效能,要意识到这个世界是多元的,需要允许和接纳不同,才能有效地沟通。不管对孩子,对伴侣,还是对我们自己的内在成长,都需要创建一个"允许和接纳"的空间,在这个空间当中更好地去倾听和沟通。

- **允许犯错**

首先要允许自己犯错,允许自己不完美。当我们可以允许和接纳自己的时候,我们就应该允许全世界,允许伴侣和孩子犯错。

我在咨询中发现很多父母会为孩子着急。其实不是孩子犯了什么错,而是父母"**认为**"孩子犯了错,并且认为这个孩子永远都将是犯错的样子。我们看待孩子的眼光比较焦虑,觉得一时就是一生。可是,孩子的一生那么长,怎能不经历起伏就长大呢?

同样,夫妻关系中的冲突也是如此。不能容忍对方犯错这样的要求,其实是一种"**完美**"的期待,这样的期待对彼此来说都是一个非常大的压力。被认为犯错的一方在做任何一件事情的时候都得要求自己、控制自己不犯错,这样的控制就会带来心理防御,心理防御在沟通当中就是一种阻碍。

不被允许会带来沟通的阻碍,会影响关系的深度和持续发展。

- **接纳对方本来的样子**

如果说"错误"在一个家庭里是可以被讨论或是被接纳的时候,

那么这个"错误"比较容易解决也比较容易消失。从另外一个角度说，没有人会站在一个道德的制高点上去评判犯错的一方，这个时候双方的感受是平等和相关联的，沟通就比较容易进行。

当一个家庭有"允许和接纳"的氛围时，犯错就不显得可怕。当一个人犯错时，他会相信"我仍然被爱，并且我有能力独立面对和解决这个问题"，这个时候的沟通就只存在于技术层面了，而不在于人和人之间的对抗，这是完全不同的两个层级。

我在学习家庭治疗时，一位老师拿了一封信让我们做案例讨论。这封信来自于一个15岁的男孩。他在信里面表达了自己为什么不愿意跟爸爸妈妈讲话的原因。下面我摘取一小段：

"我不明白父母为什么总要干涉我的想法，总让我按他们的意志走下去，我不是躯壳，我有灵魂，我有感觉，我有大脑，我会思考。他们不重视我的感受，不会来安慰我，甚至有时还会笑话我，为什么父母要求我做的他们做不到？我指出父母的错误就叫顶嘴，我说什么父母全都反对。妈妈总认为我们之间有巨大的代沟，总认为小孩子什么都不懂。时间长了，我也就认为我们之间真的是有一个不可逾越的屏障。爸爸妈妈总是认为我说话就是在狡辩、在找借口，我全都是错的，我全都需要改正，我需要教育，我需要被批判。爸爸妈妈除了给我塞好吃的，就是没完没了地问我学习怎么样了。他们经常会板着脸给我讲大道理。有些道理，不用他们讲我也懂。我根本就不知道爸爸整天都在忙些什么，我也不想知道。我们之间已经很陌生了，仿佛他不是我的爸爸，我也不是他的儿子。不见面才好呢，省得又挨一顿臭骂。"

我的老师在点评这封信的时候说："有良好亲子关系的家庭，情感

第八章
关系管理

沟通和有效的互动是很容易形成的，孩子的问题可能就只是成长的问题，是关于他发展本身的问题，这通常从技术层面是非常容易解决的。但是在亲子关系不良的家庭中，如果有效的互动非常少的话，那么无论我们提供的教育方式多么正确，我们都会带给孩子人格方面的问题，刚开始问题可能会隐藏起来，但在孩子青春期的时候问题会变得非常多，处理起来就会比较难，比较棘手。所以只有在建立了良好亲子关系的前提下，才能去谈教育，才能去谈家庭教育。"

多接纳家庭成员本来的样子，允许他们"犯错"，将帮助我们构建良好的关系，培植沟通的沃土。

当我们与沟通对象有比较好的信任和沟通基础时，再探讨具体的事件是比较容易的。假如我们与沟通对象的关系不是那么融洽，不论我们的方法或方式多么合情合理，顺畅沟通都是很难实现的，很多时候需要花费巨大的代价才能实现。

沟通不为对错，只为关系。关系最重要。为了构建我们之间的关系，沟通是发给对方的一种邀请，一种表达，一种尊重，一种接纳。

厘清关系的边界，把权利还给对方

- **认识到彼此的边界**

在一个家庭结构当中，"边界"就好像每个人的国界线一样的。在人际交往中，我们要了解对方的"边界"在哪里，因为大部分的冲突来自边界的冲突。

边界对应着人的价值观、人生态度和内在角色的设置。

"边界"受到文化和家族背景的影响，比如中秋节，我们会回家看望父母，比如说吃饭的时候必须把手机放到餐桌以外的地方，吃饭的时候不接电话……这就是规则，就是边界。

这些规则反映的是价值观和人生态度。我们说教育孩子很难，其实难就难在父母自己的人格是否完整，是否乐于宽容和变通，是不是可以先成为一个好的模范？否则，父母身上那些没有被解决的问题可能会传递给孩子。

影响"边界"的另外一个因素是我们内在的角色。

有一对夫妻来找我做夫妻关系咨询。通过对他们的访谈，我看到他们是一个追一个逃的互动模式。不论是在咨询室里面感受到的，还是通过丈夫的回应，都能感觉到妻子很强势。她会包办所有的事情，会让丈夫感觉到自己非常没有力量，感觉自己永远像个小男孩。所以他选择的回应模式是不跟妻子发生冲突，消极抵抗或者不回应妻子所有的指责。

我很重要的一个工作就是帮助这对夫妻看到：在他们的婚姻关系里只有妈妈和儿子的角色，没有丈夫和妻子的角色。因为他们的互动模式是非常典型的母亲和孩子的沟通模式。

通过进一步了解，我发现这个丈夫之前的工作是比较普通的，大概过了35岁之后事业才有了很好的发展，他慢慢地开始觉得自己很成功。在社会的评价系统里面，是一个很棒的男人，但一回到家，就成了妻子的"儿子"，所以他觉得非常难受。因为这时候丈夫内在"男人的角色"慢慢出来了，需要一个女人来承接这个能量。但是妻子还不习惯丈夫的改变，一直停留在刚刚认识丈夫时的那个角色，包办丈夫所有的事务，所有的事情都由她来拿主意。所以妻子其实没有办法脱离在内心扮演妈妈这个角色的制约，而这个制约来自于妻子内在的角色选择。

这个时候丈夫的感受就是：妻子总是跨越他作为男人的边界，没有把他当作一个男人来对待，而是当作儿子来对待。因此他对妻子的沟通和回应，采取的是非常消极的态度。

再进一步探索，我发现这个丈夫回应妻子的模式居然也是他回应自己母亲的模式。这源于夫妻双方内在的自我成长都不太够，将过去的成长经历带入到了现在的角色中来，因为角色不清晰引发了冲突。

当和一个人沟通的时候，清晰地了解彼此的角色会带来比较顺畅的沟通，在角色之下的信念、价值、能力、行为、环境层面的冲突就会少很多。

● 不越界，和对方一起成长

过多地给孩子爱，看上去是为了孩子好，其实只是借由溺爱孩子来弥补我们幼年的成长缺失，这样做的后果可能会剥夺孩子的成长机会，比较容易造成孩子社会适应功能的缺陷。

假如你是一个四岁左右孩子的母亲，孩子大哭时，你会怎么做呢？

一个比较简单的方法就是问这个小孩："妈妈现在可以为你做些什么呢？"这么问是因为这个年龄段的孩子已经可以表达自己的需要了，妈妈需要往后退，腾出一个空间，让孩子自己来学习选择和对自己负责。

另外，我们可以使用开放性的提问技巧，继续帮助彼此创造一个沟通空间："你现在需要我做点什么呢？妈妈也不知道怎么办，但是我们现在遇到这个问题，你的想法是什么？"

类似这样开放性的问题，不但可以缓解亲子关系的压力，也能赋予孩子能力。我们的"开放性问题"就像投在孩子心湖里的一块石头。这时，不论孩子有没有答案，内心得到的一个信息是："妈妈相信我有能力找到答案，妈妈愿意陪我寻找答案，妈妈很愿意听听我的想法。"这个方法尤其适合孩子进入青春期的家庭。

最后，请记住"非请勿帮，请了可帮"，这是一个非常典型的尊重对方边界的沟通方式。

打破二元对立，发现第三种解决方案

在神经语言程序学里面有一个基础的假设：凡事都至少有三种解决方案。这个假设可以帮助我们脱离"你和我"单一的选择，去寻找第三种可能性。这个可能性恰好就是沟通当中的一个弹性空间。这是在"我和你"成为"我们"之后，一起构建出来的一个新空间，这可以用来构建双方新的互动关系。

当我们只是看到"你"或者"我"的时候，我们其实很单一，很对立，我们之间没有联结。一旦进入到"我们"这个状态的时候，就必然要发生沟通，必然要发生关联，而这个关联就是关系。

有一对学员夫妻，丈夫喜欢看电视，妻子喜欢看书。然后双方看了一篇文章，上面说："决定一个人的人生会怎样，取决于他如何利用晚上20:00~22:00这个时间段"。于是两个人决定在这个时间跟对方做一样的事情。但是妻子不喜欢看电视，丈夫也不太喜欢读书，他们就为这个事情闹得很不愉快。

一些朋友可能会觉得这算是个事儿吗？但对我的学员来说，真的就是个事儿，他们觉得内心有很多冲突和困扰。

第八章
关系管理

我和他们一起寻找到了第三种解决方案:一是在他们约好的时间段看一些讲书的视频;二是每周一三五一起看电视,每周二四六一起读书,看电视或看书的主题由当天的决定人来选择。

这个方案的好处就是帮助这对夫妻开启了彼此对话的空间。后来他们继续讨论和选择的方式是:这一周就是看书,下一周就是看电视,再下一周就是夫妻交流的时间。一段时间之后,他们进入对方角色和空间的能力都有了很大的提升,他们之间的沟通也变得顺畅了很多。

我们在生活当中是否有第三种解决方案,取决于我们是否愿意在生活里面去邀请对方走入"我们",不论是你进入对方的世界还是对方进入你的世界,都需要一个邀请,这个邀请就是"没有对错,只有关系"。

选择有效的沟通方式

- **信息传递中的 55 – 7 – 38 法则**

美国著名心理学、传播学学者艾伯特·梅拉比安发现,在人们的态度和情感交流中,如果语言因素与非语言因素脱节,对方会倾向于相信非语言因素所传达的信息(《无声的信息:情绪和态度的默默交流》,第二版)。

以下是他的发现:

在面对面的交流中,55%的信息是通过视觉因素传递的,如面部表情和肢体语言,38%的信息是通过语调传递的,7%的信息是通过语言本身传递的。

我们可以将此简化为沟通交流中的3V原则:即视觉信号

（Visual）、声音信号（Voice）及语言信号（Vocabulary）。其中视觉占55%，声音占38%，语言占7%（见图8-2）。这表明在沟通中真正起作用的是非语言信息，占比高达93%。

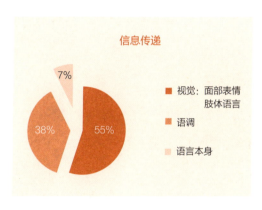

图8-2　信息传递的方式

假设有一个场景：你的小孩听到音乐后开始起舞，这时你选择怎么去回应他？你会跟他说"孩子你真棒，跳得真好看"，还是什么都不说，在旁边鼓掌，还是会跟他一起跳起来，一起嗨翻天呢？再假如你就是那个小孩，你觉得哪种方式会让你感受到更多的陪伴和支持呢？

还比如，异地恋为什么不容易成功？我想也正是因为存在这样的因素。以前谈恋爱只有靠写信件或者发邮件，这只能传递7%的信息。后来可以打电话，多了那38%的部分。再后来可以视频，又多了一些信息传递。但是视频还是缺少一个重要感觉，那就是触觉，所以依然少了大量的信息，这对感情的发展是非常不利的。

再比如，如果我们和另一半吵架或者要跟领导说事儿，用短信或者微信交流是非常吃亏的，因为你只能传递7%的信息，而且这7%的信息是不是可以被全部吸收和传递呢？不一定，因为这还取决于写信

第八章
关系管理

息的人和看信息的人的表达能力和理解程度。

如此说来,再多的文字都比不过一个拥抱或一个眼神。

所以,大家要更多地关注非语言层面的沟通方式和技巧。在沟通时,我们尽量从文本、语音语调语速语气以及我们的肢体语言这三个层面去做努力。

- **对倾听的新理解**

在沟通当中提到最多的一个技巧叫"倾听",倾听不仅仅是"听",还要带着真心和眼睛来听。我们一起对"倾听"进行一个新的理解。

繁体字的"聽"会给我们更多关于倾听的解读:"聽"是用耳朵来听,"耳"下面有一个"王",在古汉语里面,斜王旁就是斜玉旁,而对"玉"的解释是"石之美,有五德",所以倾聽是一种美德。"聽"的右边是十目一心,也就是说在听的过程当中用眼观察是非常重要的,既要观察事实,也要观察内在的感受,以及对方所传递的非语言信息。同时,我们要专心,一心一意,也就是共情陪伴。

所以"聽"不仅仅是用耳朵去听,还要从**外在的事实、非语言信息和内在的感受**三个层面去观察和理解。从而增强我们看见的能力、敢说的能力以及表达的能力。

- **逻辑层次在沟通中的应用**

我们通过案例来解读一下逻辑层次(见图8-3)在沟通中的应用。

第一个层面:环境。环境会限制沟通的形态。例如我正在讲课的时候,应该没有学员会突然站起来说:"大家好,我来给你们唱一支歌。"他有唱歌的能力,但是他不会在这样的环境中使用。

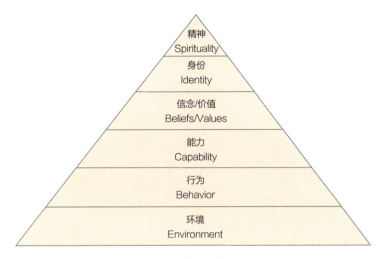

图 8-3 逻辑层次金字塔

第二个层面：行为。一个人想改变环境，首先要从行为入手。

第三个层面：能力。要改变行为，需要一些技巧也就是能力。当我们遇到问题时，需要一些技巧来改变行为。你可能会发现当孩子不再光着脚在地板上跑时，会把纸撕得到处都是，当他把纸能够好好收藏的时候，又发现他把饭吃得到处都是……针对行为的训练很容易让问题摁了葫芦起了瓢，这会引导我们去思考第四个层面——信念/价值。

第四个层面：信念/价值。当我们首先理解了环境和行为背后的原理和规律时，就能够将其内化为我们做事情的能力，然后就进入了第四层："我为什么要使用这种能力？"每个人对信念与价值的理解是不同的，因为我们内在的角色不同，这就引导我们进入第五个层面去考虑。

第五个层面：身份。不同的身份对应不同的沟通需求和沟通方式。

第八章 关系管理

我们要改变一个人的沟通方式，就需要让他重新定义自己"我是谁"。

第六个层面：精神。我们生活中的角色有很多，我们如何定义自己的角色和身份？角色又是怎么来的呢？我们为了什么而活在这个世界上？我们生命的意义是什么？这些问题的答案都来自于我们的精神使命。

日常的沟通常常发生在逻辑层次金字塔下面的三层，就是环境、行为和能力这些部分。比如："你为什么总是晚上 22：00 回家啊？你为什么总是把这个书摆得到处都是？"

而我们的冲突，却经常发生在上三层，即信念/价值、身份与精神层面。比如"你就是一个不负责任的人，你就是一个完全不懂得收拾的人，你就是一个不会为自己负责任的人"……指责和否定对方的时候，会很快跑到上三层里去，这个时候就变成了对一个人的深层攻击，必然会引发巨大的沟通冲突。

在逻辑层次金字塔中，下面三层是关于技术的，上面三层是关于态度的。当我们从上往下走的时候沟通会很顺利，但是在现实生活当中，我们往往都是从下往上走的。

假如你在地铁上看到一个男人带着两个孩子。他自己坐在那儿，两个孩子在车厢里上蹿下跳，这里摸摸那里动动，而且大声说话，看上去很没有礼貌，也很没有教养。这个时候我们很可能忍受不了，会在心里指责那个男人，甚至会对他说："你怎么会这样呢？你不管管你的孩子吗？"

这就是一个非常典型的从环境和行为入手，引发负面沟通的一个案例。

可是如果我们从逻辑层次金字塔的上端去理解，也许你会得到一个完全不同的信息：这两个小孩刚刚在一场地震当中成了孤儿，这个男人领养了他们。他心里觉得两个孩子失去了所有的亲人，并且刚刚从灾区来到北京，对一切事物感到新鲜，所以不想去约束他们。

当你听到现象背后的上三层结构是这样的时候，你还会用之前的方式和这个男人沟通吗？

当我们可以从逻辑层次的上三层去听一些问题，去了解当事人背负的使命，他的内在角色，他内在的信念与价值系统时，我们就能够创造出更好的沟通技巧，更好的沟通行为，更好的沟通环境，从而真正有效地通过倾听与沟通建构良好关系。

第九章

意义管理

Chapter Nine

> 知晓生命的意义,方能忍耐一切。
>
> ——尼采

这一章的内容非常简洁,也正如意义所承载的使命那样,对一个人来说,使命往往是简单而单纯的。

如果你做了前面各章的练习,尤其是时间统计法和幸福日志,那么这一章的内容将会对你更有支持作用。如果你还没来得及练习,这一章的内容会比较概括地指出意义管理的路径,如何判断自己是否跟随了深层价值取向来生活,以及超越个人的意义所在。

探寻存活于世的意义很难一蹴而就。一边练习,一边发现也是一种乐趣。长长的路,我们一起慢慢地走。

第一节
意义管理的路径

意义与逻辑层次

对于意义的讨论,会以前面提到的逻辑层次为基础来进行。大家来看图 9-1 中的顺序:

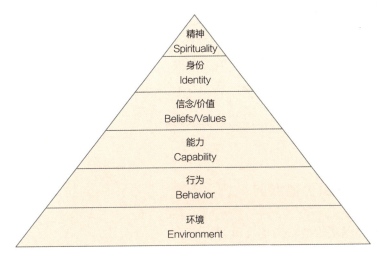

图 9-1 逻辑层次金字塔

——上三层（信念/价值、身份、精神）和意义有关。

——下三层（环境、行为、能力）是进入生活的快速途径。

——从上三层或者下三层入手进行意义管理都可以。

——判断关系是否舒适的标准：接纳、享受、热忱。三者居其一即可。若三者均无，即缺乏激情、承诺、正直与诚实，会给自己和他人创造痛苦。

——接纳也可以说是臣服或者允许，通常是起点。

意义的动力与特点

意义：通向最深层的价值取向和超越个人利益的意图。

关键动力：按照价值取向生活的勇气和信念（深层价值取向所带来的生活方式）。

支　持：激情、承诺、正直、诚实。

特　点：意义管理是时间管理、体能管理、情感管理、思维管理、关系管理的动力，带来激情、恒心和投入。

价值取向：我们需要为了自己选择的有价值的目标努力付出，前提是我们了解并寻找到自己的价值取向。

探寻深层价值取向

探寻深层价值取向的小练习：

> 1. 如果现在就是人生尽头，你学到的最重要的三件事是什么？为什么它们如此重要？
> 2. 寻找你最敬重的一个人，请描述他身上你最钦佩的三种品质？并说明原因？
> 3. 你能做到的最好的自己是什么样的？
> 4. 你希望如何总结你的人生？

请在写下你的答案之前，多问为什么。

当你做完这个练习，请回看第三章中关于寻找内心价值取向的同样的四个问题，如果你在阅读时做了练习，请看看当时的答案和现在有什么不同。

如下是**深层价值取向清单**，供大家参考：

> 真实 幸福 平衡 和谐 承诺 健康 热情
> 诚实 关怀他人 幽默 勇气 正直 创造力
> 善良 共情 知识 卓越 忠诚 公平 开放
> 信念 恒心 家庭 尊重他人 自由 责任心
> 友谊 安全 慷慨 平静 真诚 服务他人

第二节
遵循价值取向去生活

支持价值取向的动力

本书前面几章都提供了一些练习，或许你已经开始了自我观察，并尝试着记录幸福日志和时间开销，进而在时间、体能、情感、思维、关系等各个层面获得了深浅不一的体验，也许你准备将其中的某一项练习坚持下去。

如果你找到了一些练习是你认为可以坚持下去的事情，那么，恭喜你！首先，你愿意尝试代表着你希望生活有一些改变；你计划坚持，说明你尝到了甜头。而"选择去做"来自你清楚或者尚不清楚的深层价值意义的推动。

如果你可以非常清晰地看到自己主动选择背后的价值和意义，你会更有动力坚持下去，因为这对应着你的**激情**和**热爱**，你对精力和时间分配的**承诺**，你忠于自己内心想法的**正直**和**诚实**。

例如，乏善可陈、平淡如水的工作，是否也能从中找到承载你的激情、承诺、正直和诚实的一部分呢？将那一部分找出来，并让它扩大，复制到工作的其余空间里。

我从事了比较长时间的企业内训工作，我发现工作中最让我着迷的是人的内在世界，而不是如何高效地完成商业运作。所以，我在工作中会尝试将心理学应用在培训中，达成多赢的结果，我自己也在这样的"扩容"中感觉到非常有意义。

当我越来越多地扩展这个部分的时候，深层的价值取向和服务他人的超越个人生命的意义就会更加丰满，我受到其召唤，因而脱离体制，希望自己能够更多地跟随内心价值取向去生活。事实证明，这几年的日子充满了接纳、享受和热忱。

判断价值取向的标准

一个人如果跟随自己的深层价值取向生活的时候，会更容易全情投入，活出自己丰盛的人生，即使面对艰难困苦也会在所不惜。

这样的人生充满着接纳、享受和热忱。三者均有或三者居其一都足以判断你正追随深层价值来生活。

如前文所说，若三者均无，即缺乏激情和热爱、承诺、正直与诚实，会给自己和他人创造痛苦。

通过时间统计法的自我反馈部分，对接纳、享受、热忱进行归类和评分，将非常有效地帮助你去发现对自己有意义的事情在哪里。找到它们，跟随这些事件的指引，你将会更加明晰自己内在的价值取向，更知晓自己的生命意义。

第三节
重视他人，超越自我

联结，联结，还是联结

意义是通向最深层的价值取向和超越个人利益的意图。在超越个人利益这个层面，自然需要突破小我，努力与他人和万物发生联结。

在此之前，我还是更建议大家务必要先和自己联结，然后再试着和他人联结。照顾好自己，跟随自己的价值观去生活，会让我们成为一个充满生命力的个体，这本身就会对周围的人形成支持。

当你可以很好地照顾自己时，与他人的联结就会滋养到彼此，这便是超越了个人利益的联结。

当然，这个世界上，真的有非常多的人会忘掉自己，成就一番伟大的事业，有着很多的自我牺牲，这也是另一种充满意义的人生。

接纳与允许他人的自主性

在这一章的最后，我还是想说，接纳与允许他人的自主性是非常重要的，这意味着你也要允许和接纳自己的自主性，这恰好是一个人自由意志的表达。

你希望自己成为一个什么样的人，怎么做可以实现这个愿望，并且保持内在外在的一致性，这就回到了第一章和第二章的内容，你可

第九章
意义管理

以再回去看一看这两章的内容。当你做了幸福日志和时间统计的练习之后,读到第九章的你和刚翻开书的你已经有很多不同了。

意义的探索不在于一劳永逸,因为没有什么是永恒的。意义是用来帮助我们在每个不同的生命阶段去陪伴自己的战略式的自由意志。

如果你现在还没有太清晰地了解自己的自由意志长什么样,还在探索,那么,就从每一天的日子里去观察吧,幸福日志和时间统计法一定可以帮助你看到自己的"真相"。

第十章

自我更新

Chapter Ten

世间万物皆在更替、变化。我们的自我管理同样需要自我更新，没有一劳永逸、一举定乾坤的事，我们会一直处于不断变化的生命发展进程里，处于关系的变更之中，也被环境的变化而深刻影响。

去做去实践去成为，是一个过程，而不是目的。在这个过程里，我们得以自我更新，以更好地和自己、他人、情境达成动态的平衡之美。

自我更新，可以联结本书中所有的练习以支持我们更好地进入个人配置的升级程序里。

第一节
进入真实的生活

将无意识的重复变为有意识的主动选择

自我更新的基础在于生活，不论是我们自己还是他人、情境都是以生活为依托而存在的。如果我们不能和生活紧密关联，不能把心放进每一件正在做的事情之中，我们就脱离了生活本身。

同时，生活有其节奏，例如昼夜循环、呼吸相续，会有很多需要重复的工作，最简单的就是吃喝拉撒睡这些用以维持生命的事情。

对生活中大量重复的节奏形成有意识的观察，并在其中进行有意识的主动选择，将会帮助我们更好地进入生活。

例如，好好吃饭，一个人的时候也要好好吃饭，不看手机，好好和食物联结，和坐在对面的人联结，那么这一餐饭就一定能够真正地滋养到我们的身心，成为我们做自我更新的能量储备。

例如，好好喝水，感受水在身体里的流动，这时候水就被我们关注了，我们和水之间就有了更深的关系。我们会在这个过程里获得和以往不一样的经验，这个经验会让我们体验到爱自己的奇妙，也会让自己拥有更多自我更新的力量。

例如，好好睡觉，让自己放下，从而全然地进入睡眠。这样身体就会自动修复，产生自我更新的能量和精力，而不是不得不睡觉了才去睡。

将无意识的被动选择和重复转化为有意识的观察反馈和主动选择，这会给我们带来力量，支持我们更好地跟随自己的心意生活，进而追随深层的价值取向，超越个人利益进入踏踏实实、真真切切的日子。

日子就是时间的样子，我们的选择描摹了自己的人生。人生旅途很长，这条路我们一起慢慢走，每天找到1～2个更新点，切实地去做去实践，才是成为自己的开始。

去做去实践去成为

去做,才是去成为的开始。爱,是一个动词。

自我更新来自于"做",不去做,便停留在此时此刻的"永恒"里,也就是等待时间的消逝而已。去做才能带来新的力量和体验,而经过个人体验,能够带来愉悦的部分,才是一个人愿意持续地投入热情、承诺、正直和诚实的动力。

想要自我更新,那就从练习开始吧。本书提供了大量的小练习,都是唾手可得的供大家体验的自我更新的小妙招,并且已经经过我自己和大量学员的亲身验证。这些练习虽然看上去朴拙无华甚至有些笨拙,却总会起到四两拨千斤的功效。

而其中的甜头,唯有去做才能尝到。

将对自己的爱,对家人的爱,对万物的爱,都放在行动里吧,从一个小练习开始,进入自我更新的通途。

进入人生的系统

照顾好自己,进而可以超越个人利益,照顾与支持他人,进入更大的人生系统。当我们能够不断地进行有意识的自我更新时,人生层次也会进入更开阔的格局,我们可能会遇到更棒的环境与他人来助力自己进行自我更新。

这仿佛螺旋上升的状态,我们不断突破局限,迎接更开阔的人生。人生的可能性变得越来越多,慢慢地"活开了"。

第二节
自我更新

持续找寻不同

自我更新除了在日常生活中寻找主动选择之外,还可以培养自己找寻不同的能力,这个部分在第三章中有详细说明。当你阅读到此处,可以返回去再阅读一下其中的要点,助力自己在后面的应用部分更加得心应手。之所以在这里再次强调"找寻不同",是希望大家能够把这一点持续地做下去,为自己的生活寻找"突破口"。

以逻辑层次为基础的自我更新

逻辑层次(见图10-1)是用以自我更新的框架,在每一个层次,

图10-1 逻辑层次金字塔

第十章 自我更新

你都可以独立进行或者邀请他人和你一起不断地自我更新。

以下内容抛砖引玉,期待你能找到更适合自己的自我更新途径。

1. 改善环境

给自己一个独处的角落;

每周给自己买花儿;

点一些自己喜欢的香薰;

和孩子一起打扫卫生;

让孩子有一个安静、单独的空间;

让家人有一个公共空间;

每天布置不一样的餐桌;

整理办公桌、书桌、卧室等你会常常使用的地方,让它们变成支持你进行自我更新的充电场所。

2. 改变行为

记录幸福日志;

健身;

吃健康的食物;

和家人一起散步;

和家人一起做饭;

使用时间统计法进行自我反馈。

3. 提升能力

读书;

写作；

尝试做手工；

学习写大字；

学习开车；

学习做一道新菜；

和孩子一起学习英语；

和家人一起阅读；

学习任何一门你喜欢的新技能。

4. 聚焦信念/价值

探索自己的深层价值取向；

分类整理时间统计表和幸福日志；

为自己的职业发展和个人发展做计划；

和伴侣讨论养育蓝图；

和家人讨论家庭蓝图。

5. 认识身份

做妻子；

做母亲；

做女儿；

做闺蜜；

基于以上身份去交流和行动；

结交新的朋友。

6. 关照精神

冥想；

祈祷；

服务他人。

你可以每天都独立地做一些事情，这不但可以帮助你提高自己的能力，同时还能激发你在生活中运用时间、体能、情感、思维、关系、意义进行自我更新的能力。

为新经验打一个结

当你在自我更新的过程中获得了让自己喜悦的新经验时，请务必记得暂停一下，给自己的新经验打一个结：

> 1. 回头看看自己是如何获得这样的新经验的。
> 2. 如果希望这样美好的事情经常发生在自己的生活中，可以怎么做。

通过这么简单的两个小问题，你可以和新经验有更直接的关联，把它更好地迁移到生活的其他层面去，支持自己获得更多幸福美好的体验。

"打结"这一个小小的仪式可以帮助你在成为自己的路上获得更清明的自我体验和认知。

那么，就请开始去做吧，去走向成为自己的路吧！祝福你，我亲爱的朋友！